ANSWER KEY TO ACCOMPANYING STUDENT ACTIVITIES MANUAL

María González-Aguilar
Marta Rosso-O'Laughlin
Conchita Laguna Davis

Atando cabos

SECOND EDITION

María González-Aguilar
Instituto Cervantes, Paris

Marta Rosso-O'Laughlin
Tufts University

PEARSON
Prentice
Hall

Upper Saddle River, New Jersey 07458

© 2004 by PEARSON EDUCATION, INC.
Upper Saddle River, New Jersey 07458

ISBN 0-13-184528-4

Printed in the United States of America

Capítulo 1

HABLEMOS DE NOSOTROS

1-1

1. Cristina
2. Teresa
3. Teodoro y Teresa
4. Paula
5. Paula, Rebeca, Víctor
6. Víctor
7. David
8. David
9. Fermín, Chus, Mar, Teresita
10. David, Pepita

1-2

1. embarazo
2. monoparental
3. matrimonio
4. extendida
5. amor
6. pareja
7. maternidad
8. crianza

1-3

1. se parecen
2. me parezco
3. Parece
4. parece
5. parece
6. se muda
7. mudarse
8. mueve

1-4

a. 1
b. 6
c. 3
d. 4
e. 5
f. 2

1-5

1. trabajadores
2. cariñosa
3. simpático
4. buen
5. loco
6. puntual
7. mala
8. egoísta

1-6

1. cuidamos
2. visitan
3. mimamos
4. dejamos
5. desean
6. preparo
7. llevo
8. veo
9. trabajo
10. llamo
11. dedicamos
12. pasamos
13. cenan
14. descansan
15. pasamos
16. trabajan
17. creo
18. se comporta
19. come
20. prepara
21. limpia
22. convivimos

1-7

1. construyendo
2. leyendo
3. pidiendo
4. durmiendo
5. corriendo
6. vendiendo

1-8

1. doy
2. estoy
3. pongo
4. hago
5. tengo
6. da
7. tiene
8. dice
9. está
10. vienes
11. voy

1-9

1. muestran
2. almorzamos
3. sirve
4. empieza
5. sigue
6. pierdo
7. pedimos
8. recuerda / repiten

1-10

es; está; es; es; son; está; estoy

1-11

¿Cómo estás? / Bien, gracias / ¿Dónde está Marcos? / ¿Cómo es Beatriz? / ¿Y cómo está Marcos? / ¿De dónde es Beatriz?

1-12

1. La boda es a las seis en la iglesia de El Carmen.
2. La iglesia está adornada con flores blancas.
3. El banquete es en el restaurante El Luquillo.
4. La madre del novio es una mujer elegante y fría.
5. Elena está muy nerviosa pero muy linda.
6. La tarta es de fresas y chocolate.
7. Los novios están preocupados por los invitados.
8. El vestido que lleva Elena es de mi madre.

1-13

1. está de acuerdo
2. está enamorado
3. está divorciado de
4. está contento
5. está de paso
6. está comprometida
7. está de vacaciones

1-14

1. De la aldea Chimel, Guatemala
2. Está casada
3. Un hijo
4. Trabaja en el campo y en casa
5. El Premio Nobel de la Paz
6. Rigoberta: la nieta de los Mayas

1-15

Ciudad de Guatemala / 42.042 m ó 108.889 km / mayoritariamente católica / república / quetzal / español y lenguas indígenas / Atitlán, Fuego, Tajumulco / maya

1-16

1. *Answers may vary.* (i.e., Alberto es egoísta, sólo piensa en el dinero, es frío, etc.)
2. *Answers may vary.* (i.e., Julia es mentirosa, obsesiva, etc.)
3. La nueva novia de Alberto
4. Porque Alberto se va a casar con Cayetana y Julia cree que ellos todavía están enamorados.
5. *Answers may vary.*

1-17

Answers may vary.

1-18

Answers may vary.

1-19

1. L
2. L
3. L
4. L
5. I
6. I
7. I
8. L

1-20

1. c
2. a, b
3. a, b
4. b, c
5. a
6. a, b
7. a, b
8. b

1-21

1. son inteligentes
2. es abierta
3. es muy rico
4. es fantástica
5. son muy cariñosas
6. es muy alto
7. son conservadores
8. es vieja

1-22

1. Mi bisabuela mima a sus parientes.
2. Los niños aprenden de los mayores.
3. En nuestra familia nunca compartimos nada.
4. Sus abuelos les permiten todo.
5. Yo cuido a mis sobrinas los fines de semana.
6. Mi yerno no acepta la independencia de mi hija.
7. Mi cuñada vive en el campo.

1-23

1. a
2. b
3. c
4. a
5. a
6. c
7. b
8. c

1-24

1. b
2. a
3. c
4. c
5. a
6. b
7. c
8. b

1-25

1. El padre de Héctor es peruano.
2. El cumpleaños del bisabuelo es el 15 de octubre.
3. Marcos está hablando por teléfono y Fernando está escribiendo las invitaciones.
4. Los platos y las servilletas están allí, sobre la mesa de la cocina.
5. Mis sobrinos están tristes porque mi hermana no está aquí.
6. Hoy es la fiesta en casa de mi nuera. Mis nietos están muy contentos.
7. Mi suegro es serio y sencillo, y mi suegra es cariñosa y apasionada.
8. ¿La fiesta es en el club? Es a las seis, ¿verdad?

1-26

1. está enfermo
2. son malas
3. es divertida
4. está bonita
5. están listos
6. son listos
7. es feo
8. están enfermos

1-27

1. La boda es en Buenos Aires.
2. La boda es el 18 de noviembre.
3. El padre de la novia se llama Román.
4. El yerno de Silvina será Gabriel.
5. La esposa de Gabriel será Lorena.
6. Silvina va a ser la suegra de Gabriel.

1-28

1. Beatriz
2. Renato
3. Elena
4. Ricardo
5. Marcos
6. Diego
7. Silvana
8. Malena
9. Blanca

1-29

1. el papá
2. la mamá
3. el hermano menor
4. el abuelo
5. la abuela
6. la tía
7. el primo
8. el sobrino
9. la cuñada

1-30

"Aquí mando yo"
Los múltiples estudios psicológicos sobre hermanos mayores dan resultados comunes: generalmente, dentro del grupo familiar son los más autoritarios y agresivos. Según Frank Sulloway, los primogénitos crecen creyendo que son más fuertes y grandes que el resto de sus hermanos, lo que les permite ser más dominantes. Aceptan los valores por los que se guían sus padres, rechazando las ideas nuevas.

Capítulo 2

HABLEMOS DEL MULTICULTURALISMO

2-1

1. cosechas
2. rechazar
3. indígenas
4. sueldo
5. trabajos temporales
6. integrarse
7. nivel de vida
8. antepasados

2-2

1. F
2. C
3. F
4. C
5. C
6. F
7. F
8. F
9. F
10. C

2-3

1. pregunta por
2. Hay que
3. tiene que
4. hay
5. tiene que
6. pido
7. preguntan

2-4A

1. b
2. d
3. c
4. a

2-4B

1. a
2. b
3. a

2-5

1. Cuál
2. Cuál
3. qué
4. Cuál
5. Qué
6. Cuál

2-6

1. nos mudamos
2. nos levantamos
3. se arregla
4. nos adaptamos
5. se acuerda
6. me quejo
7. me siento
8. se reúnen
9. nos divertimos
10. necesitan
11. preparándose
12. se pone
13. se sienta
14. separarse

2-7

1. nos juntamos
2. se entienden / se llevan
3. nos apoyamos
4. nos llevamos / nos entendemos
5. nos soportamos
6. separarse

2-8

A mi padre se le escapó el perro en el aeropuerto. A mis padres se les olvidaron los pasaportes en un motel. A mi hermano se le quedaron las maletas en el aeropuerto. A mí se me olvidaron las direcciones de mis amigos. A mi madre se le murieron todas sus plantas en el viaje. A nosotros se nosdescompuso el autobús en la frontera. A mí se me venció la visa a los tres mesés. A mis abuelos se les acabó el dinero muy pronto.

2-9

1. se me queda
2. se le cae
3. se me pierden
4. se nos va

2-10

1. A lo mejor a mis hijos se les escapan los pájaros.
2. A lo mejor a mi hija se le mueren las plantas.
3. A lo mejor a mi esposo se le olvida que debe ir a la oficina de inmigración al volver de Chile.
4. A lo mejor a mí se me vence la visa antes de regresar.
5. A lo mejor a ti se te queda el pasaporte en la casa de los abuelos.
6. A lo mejor a nosotros se nos descompone la televisión.
7. A lo mejor a mi esposo se le ocurre llamar al vecino para que vaya a cuidar la casa.

2-11

Se me perdió el bolso. Se le quemó la comida. Se nos descompuso el coche.

2-12

1. d
2. a
3. c
4. e
5. f
6. b

2-13

Answers may vary. Some possibilities:
1. A algunos trabajadores les gusta el fútbol.
2. A mí me quedan dos horas de trabajo.
3. A nosotros no nos cae bien nuestro jefe.
4. Al jefe no le importan las injusticias.
5. A ustedes les fastidia hacer trabajos duros.
6. A ti te molesta el racismo.

2-14

1. A Mario y a Claudia les interesa la literatura latinoamericana.
2. A Mario le disgusta levantarse temprano.
3. A Claudia no le gusta el béisbol.
4. A Claudia le cae bien Marió.
5. A Mario le faltan dos años para graduarse.
6. A Claudia le parece que en los EE.UU. hay más oportunidades de trabajo que en su país.

2-15

Answers may vary.

2-16

1. b
2. c
3. a

2-17

1. b
2. a
3. d
4. c
5. e

2-18

1. *Answers may vary.*
2. los emigrantes mexicanos
3. ... que los emigrantes sufren de un estrés mental y trastornos sociales que aumenta con su estadía en los Estados Unidos.
4. ... que los resultados de Vega hubieran sido los mismos al hablar con los jóvenes de Tijuana.
5. Les interesa encontrar trabajo. No les interesa ser estadounidenses.
6. ... que no se debe empujar a los jóvenes hacia la asimilación.
7. *Answers may vary.*

2-19

Answers may vary. Some possibilities:
Querida Adela:
La vida aquí no es fácil. Todos los días me siento junto a la ventana, luego sintonizo el radio en un programa en español y después canto canciones de mi tierra.
Al niño le encanta cantar en inglés pero a mí no me gusta.
Me acuerdo mucho de la casa rosa con geranios donde vivíamos antes pero creo que nunca voy a poder marcharme de aquí. Mi esposo se preocupa mucho porque siempre estoy triste. A veces nos peleamos porque yo no quiero hablar inglés.
Quiero regresar a nuestro país.
¡Qué triste me siento!
Se despide de ti, tu amiga.

2-20

Answers may vary.

2-21

1. L
2. I
3. I
4. L
5. L
6. I
7. L
8. L

2-22

1. F
2. F
3. C
4. C
5. F
6. C
7. C
8. C

2-23

Row 2: Rubén / República Dominicana / inglés, alemán y español / Texas / viajar / quedarse poco tiempo en un lugar / la globalización

Row 3: Gloria / Cuba / inglés y español / Florida / bailar / discriminación / la política

Row 4: César / México / español / California / uvas / piscar el algodón y cosechar uvas/ la ropa y la moda

Row 5: Carolina / Puerto Rico / inglés, francés y español / Texas / los platos típicos de diferentes países/ el machismo / la política

2-24

1. c
2. a
3. b
4. b
5. a
6. c

2-25

1. Todas las mañanas se despierta a las siete y media.
2. Despierta a su esposo y se ducha.
3. Se lava el pelo y se cepilla los dientes.
4. Se peina el cabello y luego toma el desayuno con su familia
5. Luego se viste.
6. Su marido se despide y se va a su trabajo.
7. Ella se queda en casa todo el día.

2-26

1. Se conocen en la frontera.
2. Se entienden perfectamente.
3. Se enamoran rápidamente.
4. Se quieren muchísimo.
5. Se casan en la primavera.
6. Se enojan mucho.
7. Se divorcian en el otoño.
8. Se encuentran en el invierno.
9. Se miraran durante largo rato.
10. Se abrazan felices.
11. Se besan con pasión.
12. Se juntan otra vez.

2-27

1. A nosotros se nos olvidaron los pasaportes.
2. A ellas se les perdieron los billetes.
3. A mí se me acabó el dinero.
4. A ti se te rompió la maleta.
5. A ustedes se les venció la visa.
6. A él se le acabaron los formularios.
7. A mí se me cayeron los documentos.
8. A nosotras se nos quemaron las tortillas.

2-28

1. b
2. a
3. a
4. a

2-29

1. b
2. b
3. b
4. c
5. b
6. c

2-30

1. a
2. b
3. b
4. a

2-31

1. A mí me molestan las personas racistas.
2. A ti te interesa participar en política.
3. A nosotros nos faltan leyes justas.
4. A ustedes les cae bien el nuevo profesor bilingüe.
5. A usted le cae mal la migra.
6. A ella le encanta hacer y comer tortillas.

2-32

1. Desacuerdo
2. Acuerdo
3. Desacuerdo
4. Acuerdo
5. Desacuerdo
6. Desacuerdo
7. Acuerdo
8. Desacuerdo

2-33

Row 2 (Juan): Interesar: programas de televisión hispanos

Row 3 (Pablo): Fastidiar: música latina / Fascinar: otras culturas

Row 4 (Santiago): Interesar: programas de televisión hispanos / Encantar: música latina / Fascinar: otras culturas

Row 5 (Pedro): Encantar: música latina / Importar: problemas raciales / Fascinar: otras culturas

Row 6 (ángeles): Encantar: música latina / Importar: problemas raciales / Fascinar: otras culturas

Row 7 (Ana): Encantar: música latina / Fastidiar: la televisión / Fascinar: otras culturas

2-34

1. C
2. F
3. F
4. C
5. F
6. C
7. F
8. C

2-35

1. C
2. C
3. F
4. C
5. C
6. F
7. C
8. C

2-36

Alguien dijo que porque ella es muy gorda, alguien que por los tres tramos de escaleras, pero yo creo que ella no sale porque tiene miedo de hablar inglés. Sí, puede ser eso, porque sólo conoce ocho palabras: sabe decir He not here cuando llega el propietario, No speak English cuando llega cualquier otro y Holy smokes. No sé dónde aprendió eso, pero una vez oí que lo dijo y me sorprendió.

Capítulo 3

HABLEMOS DE VIAJES

3-1

1. el lago
2. el huésped
3. la isla

3-2

HORIZONTALES:
1. aire
2. volar
3. selva
4. abordar

VERTICALES:
1. vacío
2. islas
3. bucear
4. lago

3-3A

Alberto: 2, 5, 7-Víctor: 1, 3, 4, 6

3-3B

Possible answers: Mi esposo y yo queremos ir de vacaciones a Bariloche. / Quiero una habitación doble. / ¿En qué línea aérea quieren volar? / De ida y vuelta. / En julio. (El 12 ó 13 del mes que viene.) / ¿Puede ponernos en lista de espera?

3-4

1. llegué
2. Busqué
3. dormí
4. Deshice
5. puse
6. dije
7. di
8. fui
9. vinieron
10. leí
11. pude
12. apagué
13. visitamos
14. tuvimos
15. se despidió
16. regresó
17. estuvimos
18. nos divertimos

3-5

1. Salimos
2. Partimos
3. se fue
4. dejamos

3-6

1. Hace diez meses que mi primo salió en barco para la Antártida.
2. Hace un año que el abuelo y yo recorrimos los pueblos del sur.
3. Hace nueve meses que mamá estuvo trabajando en las islas Galápagos.
4. Hace doz meses que mi hermano y mi cuñada escalaron una montaña en los Andes.
5. Hace ocho meses que el tío Carlos fue a pescar al océano Pacífico.
6. Hace once meses que yo hice autoestop en Chile.

3-7

VIAJERO:
1. pasaba
2. Era
3. estaba
4. podíamos

ROSA:
5. solía
6. llevaban
7. quedaba
8. veía

ROBERTO:
9. íbamos
10. hacíamos
11. visitábamos

3-8

1. estuve
2. era
3. empecé
4. visité
5. fui
6. hice
7. visité
8. subí
9. pude
10. llegué
11. entré
12. era
13. saqué
14. estaba
15. tenía
16. conocí
17. decidimos
18. llegamos
19. hacía
20. había
21. tocaban
22. bailaba
23. íbamos
24. comíamos
25. estuve

3-9A

1. llegó
2. alquiló
3. Era
4. conoció
5. enamoró
6. tenía
7. mintió
8. dijo
9. era
10. trabajaba
11. quería
12. salieron
13. descubrió
14. era
15. ocurrió
16. estaba
17. duchaba
18. apareció
19. salió
20. vio
21. estaba
22. era

3-9B

Answers will vary.

3-10A

Pretérito: 1, 3, 4, 5, 7, 9, 10, 12, 14, 15, 17
Imperfecto: 2, 6, 8, 11, 13, 16

3-10B

Possible answer: Eran las once de la noche cuando Alejandro bajó de la habitación del hotel. Entró en el bar del hotel y vio a su novia con un hombre. El hombre era alto y moreno y llevaba gafas. Los dos parecían muy contentos. Alejandro fue a otro bar y bebió muchísimo. Allí hacía mucho calor. Alejandro se sentía muy triste. Salió del bar y decidió manejar su auto. No vio un camión aparcado y sufrió un accidente. Llegó la policía y lo llevaron al hospital en una ambulancia.

3-10C

Answer will vary. Possible answers: Fui a la discoteca: del hotel. / Porque quería bailar con mi novia. / Estaba con un hombre. / No, no me vieron. / Estaban bailando. / Bebí ocho o nueve cervezas. / Porque quería olvidarme de mi novia. / Quería ir a la playa.

3-11

1. supe
2. conocí
3. quería
4. encontré
5. descubrí
6. podía
7. regresé
8. tuve
9. quisieron
10. pude

3-12

1. P.--¿Cuanto hace que empezaste a cantar? / G.--Hace años que empecé a cantar.
2. P.--¿Cuánto hace que grabaste el disco Eyes of Innocence? / G.--Hace años que lo grabé.
3. P.--¿Cuánto hace que compusiste tu primer álbum en solitario? / G.--Hace años que lo compuse.
4. P.--¿Cuánto hace que sufriste el accidente de autobús? / G.--Hace años que lo sufrí.
5. P.--¿Cuánto hace que presentaste el álbum Mi tierra / G.--Hace años que lo presenté.
6. P.--¿Cuánto hace que visitaste al presidente Clinton? / G.--Hace años que lo visité.

3-13

1. lago / en el oeste
2. cordillera / en el oeste
3. río / en el norte o noreste
4. montaña / en el oeste
5. selva tropical / noroeste
6. isla / sureste

3-14

1. c
2. d
3. a
4. b

3-15

Answers may vary.

3-16

Answers may vary.

3-18

1. I
2. L
3. I
4. L
5. I
6. L
7. I
8. L

3-19

1. F
2. C
3. C
4. F
5. C
6. C
7. F
8. F

3-20

1. a
2. b
3. a
4. a
5. a
6. a
7. a
8. b

3-21

1. Salí
2. Abordé
3. Aprovechaste
4. Disfrutamos
5. Escalaron
6. Dormí
7. Hicieron
8. Se quemó

3-22

1. Hace un año que fui a Costa Rica.
2. Hace dos días que me reuní con mis amigos.
3. Hace una semana que hice la reserva.
4. Hace cuatro meses que compré la guía.
5. Hace un rato que me puse el bloqueador solar.
6. Hace muchos años que aprendí a bucear.
7. Hace unos días que acampé en Tortuguero.
8. Hace dos horas que perdí mi cámara.

3-23

1. Nosotros acampábamos cerca del bosque.
2. Mis amigos se divertían en las vacaciones.
3. Mis padres paseaban cerca del río.
4. Yo tomaba una siesta todos los días.
5. Mi abuelo y yo íbamos a pescar al lago.
6. En invierno esquiábamos en las montañas.
7. Mi hermana extrañaba su cama.
8. Mi familia siempre se reunía con otras familias.

3-24A

1. Por la mañana fueron de excursión a los arrecifes.
2. Ellos salieron en lancha y con un guía.
3. Hacía calor y no había viento.
4. El guía era una persona muy inteligente y divertida.
5. Por la mañana bucearon.
6. Por la tarde escalaron un volcán.
7. Marcela tenía una cámara nueva.
8. Cuando bajaban empezó a soplar un viento muy fuerte.

3-24B

1. F
2. C
3. C
4. F
5. C
6. F
7. C
8. C

3-25

1. se encontraban: Acción repetida
2. visitaban: Acción repetida
3. llevaba: Descripción
4. era: Descripción
5. sopló: Acción completa
6. calentó: Acción completa
7. se quitó: Acción completa

3-26

1. a. viajábamos b. viajamos
2. a. recorría b. recorrí
3. a. visitaban b. visitaron
4. a. veías b. viste
5. a. iba b. fue
6. a. dormía b. dormí

3-27

1. Mis amigos estaban en el aeropuerto cuando aterrizó el avión.
2. Había mucho viento cuando nosotras llegamos a la cima de la montaña.
3. Eran las cinco de la tarde cuando comenzó a nevar.
4. Yo tenía quince años cuando fui a Nicaragua.
5. Ellas no hablaban español cuando se mudaron a México.
6. Tú dormías en el hotel cuando sonó el teléfono.

3-28

1. conocí
2. conocía
3. queríamos
4. pudimos
5. querías
6. tenía
7. tenía
8. quería
9. fue

3-29

1. b
2. a
3. b
4. a
5. a
6. b
7. b
8. a

3-30

1. c
2. a
3. b
4. a, c
5. b
6. b, c
7. b, c
8. a, b, c

3-31

Row 2: Adriana y Fernando Matellán / Guatemala / Tikal, Antigua, iglesia de San Francisco y el claustro de Santa Clara / Una semana / Chaqueta

Row 3: Manuel Parada / México / Biblioteca Nacional, museo, Plaza de las Tres Culturas, Parque de Chapultepec / Diez días / Artesanías

Row 4: Paula, Clara y Graciela / Argentina / Buenos Aires, Teatro Colón, Plaza de Mayo, Patagonia, Perito Moreno / Un mes / Artículos de cuero

Row 5: Paloma y Gustavo / Puerto Rico / El Viejo San Juan, las playas, El Malecón, El Yunque / Cinco días / Camisetas

3-32

El Viento y el Sol se encontraban cada mañana. El Viento llevaba una larga capa, un saco de lana muy gruesa y un sombrero muy grande. El Sol lo veía con sus ojos amarillos, grandes y brillantes. Un día, el Sol y el Viento decidieron medir sus fuerzas. Querían saber cuál de los dos era el más poderoso.

Repaso 1

R1-1

1. hermana
2. largo
3. agradable
4. lucha
5. bienestar
6. sudar
7. equipaje
8. abordor
9. escalar

R1-2

1. comparten
2. encanta
3. país
4. bosques
5. Según
6. agradable
7. nivel de vida
8. fascina
9. frontera

R1-3

1. estamos
2. Es
3. es
4. está
5. es
6. está
7. es
8. están

R1-4

1. de vacaciones
2. muy grande
3. en la playa
4. casado con
5. muy listo
6. de acuerdo
7. hablando

R1-5

1. b
2. d
3. a
4. e
5. f
6. g
7. c

R1-6

1. se me escapó
2. se le perdieron
3. se les descompuso
4. se nos quemaron

R1-7

1. A ti te disgustan las noticias sobre las condiciones de los inmigrantes.
2. A mí me molestan las actitudes racistas de algunas personas.
3. A mi madre le fascina la comida que prepara mi abuela mexicana.
4. A Carlos y a mi hermana Julia les cae bien nuestro vecino guatemalteco.
5. A todos nosotros nos parece que debemos mantener nuestra lengua y nuestra cultura.

R1-8

1. A mi madre no le quedan muchos parientes en Cuba.
2. A ti te faltan unos plátanos para hacer el arroz a la cubana.
3. A mí me encanta la música cubana.
4. A algunos estudiantes les molesta la política del gobierno hacia Cuba.
5. A nosotros nos interesan las noticias sobre Cuba.

R1-9

1. emigraron
2. Eran
3. necesitaban
4. estaban
5. llegaron
6. compraron
7. nació
8. era
9. hablaba
10. empezó
11. aprendió
12. estaban
13. querían
14. volvían
15. tenía
16. conoció
17. era
18. vivía
19. podían
20. escribían
21. pasaban
22. se casaron
23. vinieron

R1-10

1. tuvo
2. sabía
3. conoció
4. pudo
5. conoció
6. podía
7. quiso
8. supo

Capítulo 4

HABLEMOS DE LA SALUD

4-1A

1. espalda
2. labio
3. codo
4. cejas
5. rodilla
6. tobillo
7. uña
8. muslo

4-1B

Come bien y vivirás muchos años, camina y tu corazón lo notará.

4-2

1. f
2. c
3. a
4. d
5. e
6. b

4-3

1. se sentía
2. prestaba atención
3. sintió
4. hizo caso
5. se sintió
6. hizo caso
7. sentía
8. Se sintió

4-4

Answers may vary. Some possibilities:
1. Es importante tratar de dormir por lo menos seis horas diarias.
2. No es necesario tomar pastillas para dormir.
3. Tienes que evitar el estrés en el trabajo.
4. Debes hacer ejercicios relajantes con regularidad.
5. No es bueno tomar café con cafeína antes de acostarse.
6. Es mejor cenar dos o tres horas antes de acostarte.

4-5

1. para colmo
2. para variar
3. para siempre
4. para bien

4-6

Por lo menos, por lo pronto, Por cierto, por eso, por ejemplo, por ahora, por si acaso, Por supuesto

4-7

1. Por
2. para
3. para
4. Por
5. por
6. por
7. Por
8. por
9. para
10. Para

4-8

1. --
2. --
3. el
4. Los
5. --
6. la
7. la
8. --
9. el
10. el
11. las
12. el
13. --
14. el
15. La

4-9

1. a
2. b
3. a
4. c

4-10A

1. Póngase
2. doble
3. mueva
4. Repita

4-10B

1. Acuéstese
2. tome
3. levante
4. junte
5. baje
6. colóquelos

4-10C

1. Póngase
2. dé
3. flexione
4. toque
5. Permanezca
6. Vuelva
7. Haga

4-11

1. Sí, háganlo.
2. Sí, vayan al gimnasio.
3. Sí, empiécenlas.
4. No, no lo beban.
5. No, no almuercen con vino.
6. Sí, pónganse a régimen.
7. No, no la duerman.

4-12A

Debe: 1, 4, 5, 6, 9--No debe: 2, 3, 7, 8.

4-12B

1. Di siempre cómo te sientes.
2. No seas muy exigente contigo mismo/a.
3. No te quedes solo/a en casa los fines de semana.
4. Haz una lista de 10 cosas positivas que vas a hacer en el próximo mes.
5. Ve a clases de yoga.
6. Sal con personas optimistas.
7. Duerme mucho.
8. No trabajes en un puesto que requiera mucha concentración y energía.
9. Ten cuidado con lo que comes.

4-13

1. No, no te pongas a régimen.
2. Sí, hazlos.
3. No, no la bebas.
4. Sí, cómelas.
5. Sí, acuéstate más temprano.
6. No, no lo dejes.

4-14

1. Bebe mucho liquido.
2. No hagas ejercicios físicos fuertes.
3. No vayas al trabajo.
4. Ponte una bufanda al salir a la calle.
5. Quédate en la cama unos días.
6. No salgas por la noche con los amigos.
7. No tomes antibióticos sin receta médica.
8. Tómate la temperatura todos los días.

4-15

1. Salvador Moncada es un científico de Honduras.
2. En el laboratorio de Moncada demostraron la importacia d'el óxido nítrico en el organismo.
3. El óxido nítrico influye en las enfermedades cardiovasculares.
4. El equipo de Moncada demostró que las teorías de los estadounidenses Robert
5. Furchgott, Louis Ignarro y Ferid Murad eran ciertas.

4-16A

1. b
2. c

4-16B

1. F
2. C
3. F
4. F
5. C

4-17

Answers may vary.

4-18A

1. para las enfermedades crónicas del aparato locomotor, respiratorio y digestivo
2. desde hace más de 2.000 años
3. son estimulantes
4. para la piel, el aparato respiratorio y el locomotor
5. las aguas ferruginosas
6. las aguas radiactivas
7. para problemas del aparato digestivo
8. ofrecen paseos y lugares para el descanso, actividades culturales, deportivas y lúdicas, excursiones, etc.

4-18B

Answers may vary.

4-19

Answers may vary.

4-20

1. L
2. L
3. I
4. I
5. L
6. L
7. L
8. I

4-21

Conversación A:
1. b, c
2. b, c
3. a, b, c
4. b, c

Conversación B:
1. b
2. b, c
3. a, c
4. a, b, c

4-22

1. a
2. b
3. a
4. a
5. b
6. a
7. b
8. a

4-23

1. Por, por
2. por, por
3. Por, por
4. Para, Para
5. Por, Por
6. Para, Para
7. para, para
8. Por, por

4-24

1. la
2. --
3. la
4. el, la
5. --
6. --, --
7. La, el
8. la, --

4-25

1. Sí, hagamos ejercicio.
2. No, no empecemos una dieta.
3. Sí, bañémonos en el mar.
4. No, no comamos en el barcito.
5. Sí, tomemos sol.
6. No, no nos duchemos.
7. Sí, vamos a la masajista.
8. No, no volvamos a la universidad.

4-26

1. ¡Haz gimnasia dos veces por semana!
2. ¡No hagas más de lo que puedes!
3. ¡No comas mientras haces ejercicio!
4. ¡Mídete las pulsaciones!
5. ¡No te duches con agua fría!
6. ¡Pídele consejos a la instructora!
7. ¡No tomes aire frío!
8. ¡No abras las ventanas del gimnasio!

4-27

1. No, no duermas sólo cinco horas.
2. Sí, come ensalada todos los días.
3. No, no fumes.
4. Sí, pide una cita con la cardióloga.
5. No, no tomes pastillas para el insomnio.
6. Sí, haz ejercicios de relajación.
7. No, no trabajes doce horas.
8. Sí, hazme caso.

4-28

Primer ejercicio: b
Segundo ejercicio: c
Tercer ejercicio: a

4-29

1. Sí, llévelo al consultorio.
2. No, no lo duerma.
3. Sí, tómele la temperatura.
4. No, no continúe con los antibióticos.
5. Sí, déle mucha agua.
6. No, no lo deje sin comer.

4-30

1. Corte, caliente
2. Cocine, Muévalas, deje
3. Escurra
4. bata, agregue, añada, mezcle
5. ponga, eche, déjela, Déle, Córtela, sírvala

4-31

1. Sí, abra las ventanas, por favor.
2. No, no coloque las bebidas afuera, gracias.
3. Sí, prepare los platos, por favor.
4. Sí, caliente el pollo, por favor.
5. No, no ponga las flores sobre la mesa, gracias.
6. No, no haga la ensalada, gracias.
7. Sí, cocine los pasteles, por favor.
8. Sí, corte la tortilla, por favor.

4-32

Box 1: Doctora Débora Parrechi
Médica Clínica
Nombre del paciente: Lucía Benavides
Teléfono: 289 7564.
Consejo: Darle una cita para hoy y tomar algo para bajar la fiebre.

Box 2: Doctora Débora Parrechi
Médica Clínica
Nombre del paciente: Marta Ruiz
Teléfono: 654 2404
Consejo: Darle una cita para la semana próxima y hacerse una prueba de embarazo.

Box 3: Doctora Débora Parrechi
Médica Clínica
Nombre del paciente: Francisco Cuevas
Teléfono: 257 2794
Consejo: Enviarle la dieta de los ejecutivos y el folleto para dejar de fumar. Darle una cita para la semana que viene.

Box 4: Doctora Débora Parrechi
Médica Clínica
Nombre del paciente: Manuel Aguilar
Teléfono: 781 2863
Consejo: Venir al hospital y hacerse una radiografía urgente.

4-33

Row 2: caldo de cola de buey / quesadillas de carne
Row 3: mole / mole
Row 4: flan / arroz con leche
Row 5: vino tinto y agua mineral / cerveza

4-34

1. no / sí / sí
2. sí / sí / no
3. sí / no / no
4. no / sí / sí
5. no / sí / no
6. sí / no / sí
7. sí / no / no sabe
8. no / sí / sí

4-35

La actitud mental: un arma contra la enfermedad
La primera arma en la lucha contra la enfermedad es
una buena actitud mental. El estado psicológico de la
persona y su forma de responder al estrés pueden
influir directamente en el desarrollo de varias enfermedades de carácter inmunológico e infeccioso, como
las alergias, el SIDA e incluso otro tipo de dolencias
como el cáncer.

Capítulo 5

HABLEMOS DE DONDE VIVIMOS

5-1A

PRIMER PASO:
1. desempleado
2. llave
3. nevera
4. esquina
5. desarrollo
6. malgastar
7. ahorrar
8. municipio

5-1B

SEGUNDO PASO:
a. 8
b. 7
c. 4
d. 1
e. 5
f. 3
g. 2
h. 6

5-1C

LAS PALABRAS QUE SOBRAN:
1. desempleado
2. llave
3. nevera
4. esquina

5-2

1. basura
2. calentamiento global
3. contaminado
4. talar
5. pesticidas
6. vidrio
7. sembrar

5-3

1. consiguió
2. obtuvimos
3. alcanzar/lograr
4. lograr

5-4

1. tener / cuenta
2. un lado
3. otro lado
4. pensar
5. darnos cuenta

5-5

1. a
2. --
3. a
4. --
5. --
6. a
7. --
8. --
9. a

5-6A

1. Los voy a comprar. / Voy a compralos.
2. Lo tengo que buscar. / Tengo que buscarlo.
3. Ya lo estoy guardando. / Ya estoy guardándolo.
4. La debo ahorrar. / Debo ahorrarla.
5. Las pienso reciclar. / Pienso reciclarlas.

5-6B

1. No la tengas siempre encendida.
2. Ponla solamente en el invierno.
3. échalos en las plantas.
4. No las uses.
5. Cómpralos en grandes cantidades.
6. No las tires a la basura.

5-7

1. Sí, los están matando. / Están matándolos.
2. Sí, lo debemos limpiar. / Sí, debemos limpiarlo.
3. Sí, los podemos contratar. Podemos contratarlos para este trabajo.
4. Sí, el alcalde lo derrocha a menudo en obras menos importantes.
5. Sí, las tenemos que preservar. / Sí, tenemos que protegerlas.

5-8

1. Sí, lo reciclo.
2. Sí, las llevo.
3. No, no lo tomo.
4. Sí, los compro.
5. No, no lo estoy reciclando. No, no estoy reciclándolo.

5-9

1. Preséntele al director su plan "Colegio ecológico".
2. No le pida a nadie dinero para el proyecto porque no hay.
3. Pídales permiso a los profesores para hablarles a los niños.
4. Hábleles a los niños sobre el proyecto del medio ambiente.
5. Deles a los padres ideas para ayudar a los niños.
6. No me explique a mí ahora todos los detalles.
7. Enséñenos a nosotros los resultados del proyecto.
8. Mándele al alcalde un video sobre las actividades de los alumnos.

5-10

1. ¿Qué te decían?
2. ¿Qué le dijiste a tu novia?
3. ¿Les mandarás tu dirección a tus padres?
4. ¿Dónde me explicarás los detalles?

5-11

1. Te
2. los
3. me
4. los
5. me
6. me
7. me
8. me
9. le
10. le
11. los
12. los
13. me
14. me
15. Te

5-12

1. Ayer me la dieron.
2. Esta mañana se los estoy explicando. Estoy explicándoselos.
3. Esta tarde el jefe de Medio Ambiente se lo presenta a la alcaldesa.
4. Mañana la alcaldesa nos la tiene que dar. Tiene que dárnosla.
5. La próxima semana se la escribimos.
6. A continuación me lo van a encargar. Van a encargármelo.

5-13

1. Sí, se lo voy a dedicar.
2. Lo empezaré muy pronto.
3. Sí, se lo voy a enviar.
4. Sí, se los voy a dar.
5. La terminaremos dentro de un año.
6. Sí, te puedo incluir en la promoción.
7. Sí, se lo puedes explicar. Sí, puedes explicárselo.

5-14

1. comunicarles
2. explicarles
3. lo tiramos
4. lo reusamos
5. darnoslas
6. darnoslas
7. explicarnos
8. enviarnos
9. escribiéndonosla
10. escribiéndonosla
11. mandárnosla
12. mandárnosla
13. apréndanlas

5-15

1. más / que
2. menos / que
3. más / que
4. más / que
5. menos / que

5-16

1. más de
2. más que
3. más de
4. menos que
5. más de
6. mejor que
7. peor que

5-17

1. tanto como
2. tantos / como
3. tantas / como
4. tan / como
5. tantos / como
6. tanto / como
7. tanto / como

5-18

1. menos / que
2. tan / como
3. más / que
4. tantas / como
5. menos / que
6. tantas / como
7. más / que
8. tantos / como

5-19A

1. XIX
2. la Escuela Superior de Arquitectura de Barcelona
3. decorar los edificios que construía
4. la catedral de La Sagrada Familia

5-19B

Answers may vary.

5-20

1. b
2. a
3. a
4. c
5. b
6. c
7. a

5-21

1. 49
2. menos radiación directa
3. diseño del edificio
4. brisas del lugar
5. 16,4°C y 26°C
6. lo mismo

5-22

1. Es el Centro Austral de Investigaciones Científicas.
2. Realiza el seguimiento del adelgazamiento de la capa de ozono.
3. El ozono de la superficie terrestre es venenoso y el de la estratosfera es imprescindible.
4. En los polos
5. De la radiación solar ultravioleta.
6. Hay una pronunciada disminución de más del 50% en la concentración de ozono.
7. Porque en el mapa obtenido por satélite se ve una zona negra sobre la Antártida.
8. Con los CFC
9. para medir la radiación UV
10. ... que se halla bajo el influjo del agujero de ozono / ... que hay una disminución en la concentración de ozono.

5-23

Answers may vary.

5-24

1. L
2. L
3. I
4. I
5. L
6. L
7. L
8. I

5-25

1. e
2. d
3. a
4. f
5. b
6. c

5-26

a. 7
b. 4
c. 8
d. 2
e. 1
f. 6
g. 5
h. 3

5-27

1. Busco soluciones para los problemas ambientales.
2. Busco al encargado de recursos naturales.
3. Ése que está allí, es el presidente de la comisión de ecología.
4. Te presento a la responsable del medio ambiente del municipio.
5. Te presento al presidente de la comisión de reciclado.
6. Ustedes tienen que escribirle a la directora de la fábrica.
7. Les va a hablar la ingeniera Domínguez.

5-28

1. a
2. a
3. b
4. b
5. b
6. b

5-29

1. Nosotros los llevamos.
2. Ustedes la escriben.
3. Yo los llevo.
4. él la saca.
5. Yo te llamo.
6. Usted lo compra.
7. Tú la ves.
8. La directora los acompaña.

5-30

1. b
2. b
3. b
4. b
5. a
6. a
7. b
8. a

5-31

1. Dale la carta.
2. Pídele los nuevos envases.
3. Solicítame los permisos.
4. Cómpranos los cartones.
5. Véndeles las pilas.
6. Explícales la nueva ley.
7. Consíguete los basureros.
8. Descríbele el programa de reciclaje.

5-32

1. Dásela.
2. Pídeselos.
3. Solicítamelos.
4. Cómpranoslos.
5. Véndeselas.
6. Explícasela.
7. Consíguetelos.
8. Descríbeselo.

5-33

1. Sí, se los traigo.
2. No, no me los leo.
3. Sí, se las escribo.
4. No, no se las consigo.
5. Sí, te las presto.
6. No, no se los vendemos.
7. Sí, se lo fabrican.
8. No, no te los doy.

5-34

1. Sí, te los doy.
2. No, no se los doy.
3. Sí, se las explico.
4. No, no se la muestro.
5. No, no se lo reciclan.
6. Sí, se los conservamos.
7. Sí, me los compro.

5-35

1. F
2. C
3. C
4. F
5. F
6. F

5-36

1. F
2. C
3. C
4. F
5. C
6. C
7. C
8. F

5-37

1. C
2. F
3. F
4. C
5. F
6. F
7. F
8. F

5-38

La Solariega. Mar Azul. Villa del Bosque

5-39

1. Falso. Los residuos generados en las ciudades equivalen al 15% del total de basura.
2. Falso. El 21% son papeles.
3. Falso. El 46% es materia orgánica.
4. Cierto.
5. Cierto.
6. Falso. El 17% lo componen otros residuos.

5-40

1. Cecilia / Ignacio
2. Marta / Cecilia / Ignacio
3. Ignacio
4. Ignacio
5. Marta / Cecilia
6. Marta / Ignacio
7. Cecilia

5-41

1. e
2. a
3. f
4. b
5. d
6. c

En Barcelona o Madrid, cada persona produce en promedio un kilogramo de basura por día. Esto preocupa a las autoridades y por eso proponen algunas soluciones.

En Leganés, cerca de Madrid, y en Sabadell, cerca de Barcelona, la basura se tira en buzones, va a parar a unos contenedores bajo tierra y unos ventiladores la trasladan a una central.

Si te interesa este tipo de información puedes consultar la siguiente página de Internet: www.verdes.es

Capítulo 6

HABLEMOS DE LOS DERECHOS HUMANOS

6-1

HORIZONTAL:
1. indígena
2. oprimida
3. humanos
4. apresar
5. desheredado
6. ejército

VERTICAL:
7. jefe
8. siglo
9. impedir
10. caciques
11. campesina

6-2

1. destruyó
2. guerreros
3. salvar
4. mató
5. tierra
6. ejército
7. lucha
8. derechos
9. paz
10. pueblos
11. costumbres
12. sacerdotes

6-3

1. horas
2. época
3. tiempos
4. rato
5. A veces
6. cada vez

6-4

1. Es necesario ...
2. Tenemos que ...
3. Hay que ...
4. Debemos ...
5. Debemos ...

6-5

1. El gobierno espera firmar la paz con la guerrilla.
2. El gobierno ordena que la guerrilla entregue las armas.
3. Yo deseo hablar con los líderes del gobierno.
4. Yo espero que los pueblos oprimidos consigan más tierra.
5. El líder de la guerrilla exige que el ejército no ataque a las mujeres y los niños.

6-6

1. reconozcan, tengan
2. Recuerden
3. paguen, puedan
4. haya
5. sean, estudien

6-7

1. haya
2. conquisten
3. sean
4. lleguen
5. vaya
6. muestre

6-8

1. vivan
2. destruyan
3. denuncie
4. apoyen
5. traten

6-9

1. Es verdad que mucha gente no conoce nuestros problemas.
2. Es importante que nosotros cultivemos nuestra propia tierra.
3. Es imposible que nuestras familias coman con tan poco dinero.
4. Es evidente que alguien nos explota.
5. No hay duda de que nosotros tenemos que organizarnos.
6. Es mejor que el gobierno nos devuelva las tierras de nuestros antepasados.

6-10

Answers may vary.

6-11

1. demos
2. vayamos
3. callemos
4. hablemos
5. hagamos

6-12

1. guarden
2. construyan
3. beban
4. hagan
5. trabajen

6-13

Answers may vary. Some possibilities:
1. Sé que mis trabajadores no reciben mucho dinero.
2. No niego que sus mujeres trabajan mucho.
3. No creo que necesiten más dinero.
4. No es cierto que a mis trabajadores les falte comida.
5. No pienso que mis hijos sean muy trabajadores.
6. Niego que a mi esposo le paguen bien.
7. Dudo que podamos vivir sin mi trabajo.
8. Es cierto que los niños me ayudan con el trabajo.
9. Creo que la vida es muy dura.

6-14

Answers may vary, but all should include the subjunctive.

6-15

Answers may vary. Some possibilities are:

Me llamo Domitila Barrios de Chungara, soy Boliviana, nací en un campamento minero de los Andes en 1937 y soy indígena.

Quiero que los mineros tengan una vida mejor; también quiero que la gente conozca la vida de los indígenas de Latinoamérica.

En 1975 participé en una tribuna organizada por la ONU en el Año Internacional de la Mujer.

En 1985 escribí ¡Aquí también, Domitila!

6-16

1. Son los dos países que no tienen salida al mar. No tienen costa.
2. Está situada en la Cordillera de los Andes.
3. El Imperio Tiahuanaco.
4. Son los descendientes de la cultura Tiahuanaco.
5. Era sistema de trabajo forzado impuesto por los españoles.

6-17

Answers may vary.

6-18

1. La importación de esclavos duró más de 300 años.
2. Hubo muchos esclavos africanos en países como Cuba porque los españoles necesitaban obreros, pero no había suficientes indígenas para realizar los trabajos.
3. Desgraciadamente los esclavos no conservaron muchas de sus tradiciones africanas.
4. Es posible encontrar restos de sus tradiciones en algunas prácticas y creencias religiosas, la música y el baile, y la literatura.

6-19

Answers may vary.

6-20

1. L
2. I
3. L
4. I
5. I
6. I
7. I
8. L

6-21

1. c
2. d
3. g
4. f
5. b
6. e
7. h
8. a

6-22

a. 4
b. 5
c. 3
d. 1
e. 2
f. 8
g. 6
h. 7

6-23

1. Ojalá los gobiernos no usen la violencia.
2. Ojalá la gente respete las costumbres indígenas.
3. Ojalá las naciones prohíban la tortura.
4. Ojalá el ejército no gobierne los países.
5. Ojalá la iglesia acepte las creencias populares.
6. Ojalá llegue la paz a todo el mundo.
7. Ojalá el poderoso valore a los indígenas.
8. Ojalá los pueblos se comprendan unos a otros.

6-24

1. Piensen en los indígenas.
2. Ojalá quieran ayudar.
3. Ojalá haya dinero.
4. Estén en su tierra.
5. Ojalá puedan cambiar la ley.
6. Ojalá les den un lugar mejor.
7. Ojalá vayan a la reunión.
8. Ojalá sepan su lengua.

6-25

1. Es una lástima que los quichés pierdan las tradiciones.
2. Es imposible que los sacerdotes hagan sacrificios.
3. Es importante que ellos conserven sus costumbres.
4. Es fantástico que la comunidad viva en armonía.
5. Es raro que la iglesia imponga sus ideas.
6. Es sorprendente que los indígenas continúen con sus ritos.
7. Es interesante que los quichés conozcan el juego de pelota.
8. Es posible que ellos sean libres.

6-26

1. Es importante que yo luche por la igualdad.
2. Es necesario que tú conozcas la situación.
3. Es bueno que la iglesia escuche las sugerencias.
4. Es aconsejable que el presidente analice las reformas.
5. Es posible que nosotros participemos en los cambios.
6. Es una lástima que ustedes no comprendan.
7. Es terrible que las autoridades discriminen.
8. Es útil que el gobierno se interese por los problemas.

6-27

1. Proponemos que soliciten créditos para mejorar la agricultura.
2. Aconsejamos que creen escuelas en sus propias lenguas.
3. Recomendamos que organicen cooperativas.
4. Sugerimos que vendan sus productos en las ciudades.
5. Insistimos en que organicen sus propios gobiernos.
6. Esperamos que puedan explicar su situación.

6-28

1. Exigimos que los gobiernos respeten los derechos humanos.
2. Mandamos que las comunidades elijan a sus autoridades.
3. Preferimos que los pueblos ejerzan el gobierno de acuerdo con sus normas.
4. Sugerimos que las minorías fortalezcan su participación política.
5. Proponemos que las poblaciones accedan al uso de los recursos naturales.
6. Pedimos que los pueblos preserven sus lenguas.
7. Recomendamos que los indígenas puedan conservar sus tierras.
8. Insistimos en que las poblaciones administren sus propios medios de comunicación.

6-29

1. Creo que en nuestro país no hay minorías indígenas.
2. Creo que acá se respetan los grupos minoritarios.
3. Creo que todos tenemos costumbres y tradiciones.
4. Creo que las lenguas conservan la identidad de los pueblos.
5. Creo que la cultura se transmite de generación en generación.

6-30

1. No creo que haya muchas escuelas bilingües en nuestro estado.
2. No creo que las minorías tengan sus propias tradiciones.
3. No creo que siempre respetemos las costumbres de los otros.
4. No creo que los gobiernos busquen el bienestar del pueblo.
5. No creo que en nuestro país respetemos a todos los grupos minoritarios.
6. No creo que la discriminación disminuya día a día.

6-31

1. Quizás mejore la situación.
2. Posiblemente cambien las leyes.
3. Probablemente se encuentren soluciones
4. Quizás se organicen mejor.
5. Tal vez terminen los problemas.
6. Quizá vivamos todos mejor.

6-32

1. F
2. C
3. F
4. F
5. C
6. C

6-33A

1. celebración
2. Indígenas
3. Unidas
4. ceremonia
5. discusión
6. recursos naturales
7. Derechos
8. organizaciones
9. Medio Ambiente
10. Educación
11. Internacional
12. Década
13. gobiernos
14. protejan
15. poblaciones

6-33B

1. exista
2. hagan
3. participen
4. sea
5. participen
6. den

6-34

1. F
2. C
3. C
4. F
5. C
6. F
7. C
8. C

6-35

"Al despertar se encontró rodeado por un grupo de indígenas de rostro impasible que se disponía a sacrificarlo ante un altar, un altar que a Bartolomé le pareció como el lecho en que descansaría, al fin, de sus temores, de su destino, de sí mismo.

Tres años en el país le habían conferido un mediano dominio de las lenguas nativas. Intentó algo. Dijo algunas palabras que fueron comprendidas."

Repaso 2

R2-1

1. tomé la temperatura
2. la garganta
3. gripe
4. recetó
5. una fábrica
6. cartón
7. De esta manera
8. la basura

R2-2

1. c
2. a
3. e
4. b
5. d
6. h
7. g
8. l
9. f
10. k
11. j
12. i

R2-3

1. por
2. para
3. por
4. para
5. para
6. para
7. por
8. para
9. Por
10. para

R2-4

1. Evite
2. Haga
3. Vaya
4. No ponga
5. No coma
6. No salga

R2-5

1. Haz
2. Deja
3. Dile
4. Pide
5. Disfruta
6. No vayas
7. No salgas
8. No pierdas
9. No descuides
10. No te olvides

R2-6

1. Lo organizó ...
2. Se las devolvieron ...
3. Sí, se las enseñaron.
4. La abrieron ...
5. La va a dirigir ...

R2-7

Madre: Claro. Pero ¿cómo lo vas a hacer? / ¿cómo vas a hacerlo?
Padre: Lo voy a hacer / voy a hacerlo con patatas fritas para los niños.
Madre: ¿Se lo vas a freír? / ¿Vas a freírselo?
Padre: Sí, porque ésa es la única manera en que lo comen, ¿no?
Padre: Nos lo podemos preparar / podemos preparárnoslo en el horno con vino blanco y hierbas.

R2-8

1. No, no lo beban.
2. Sí, véanlos todos los días.
3. Sí, cómanla en la clínica.
4. No, no se los den.
5. Háganlo en el gimnasio de la clínica.

R2-9

1. estén
2. es
3. empezar
4. vengan
5. va
6. comencemos
7. tengamos
8. haya
9. va
10. escriban

R2-10

1. Espero que encontremos algo especial.
2. Nuestro profesor sugiere que el grupo haga un diario de actividades.
3. Necesitamos que alguien dibuje algunas de las figuras.
4. El profesor duda que la universidad nos dé más dinero.
5. Creo que los indígenas están ayudándonos mucho.
6. Queremos aprender la lengua de los indígenas.
7. Quizás un maestro del pubelo nos enseñe a hablar la lengua de la región.

Capítulo 7

HABLEMOS DEL TRABAJO

7-1

1. e
2. h
3. g
4. f
5. a
6. b
7. d
8. c

7-2

1. aspirantes
2. administración
3. dominio
4. exportación
5. antecedentes laborales

7-3

1. solicitar
2. formularios
3. formularios
4. forma
5. formularios
6. aplica
7. solicitar

7-4

1. c
2. d
3. a
4. f
5. b
6. e

7-5

Anuncio 1: Se buscan vendedores para la zona norte. Se provee coche. Se ofrecen buenos sueldos y seguro médico. Teléfono 5 55 99 99 HISPATUR.

Anuncio 2: Se necesita persona para atender el teléfono. Se piden conocimientos de inglés y de francés. Se prefieren candidatos con antecedentes laborales. Teléfono 8 88 44 22 HOTEL LUZ.

7-6

1. Lo mejor
2. Lo más aburrido
3. Lo que
4. Lo difícil
5. lo que / lo mejor

7-7

1. Que Ana entrene ...
2. Que Ricardo tenga en cuenta ...
3. Que todos cumplan ...
4. Que Elena, Lucía y Antonio trabajen ...
5. Que Laura contrate ...
6. Que Mónica y Susana resuelvan ...

7-8

1. algunas
2. nadie
3. Ninguno
4. alguien
5. también
6. ni
7. ni
8. ningún

7-9

1. te llamó nadie
2. dejaron ningún
3. llegó ni / ni
4. recibiste nada

7-10

1. Algunos
2. Ninguno, alguien, nadie
3. Ninguno
4. siempre
5. Algunos, o, o
6. también

7-11

1. b
2. d
3. e
4. f
5. a
6. c

7-12

1. Tengo un trabajo que termina a la 1 de la tarde. Busco un trabajo que termine
2. a las 4 de la tarde.
3. Tengo un trabajo que está lejos de casa. Busco un trabajo que esté cerca de
4. casa.
5. Tengo un trabajo que no incluye beneficios. Busco un trabajo que incluya
6. beneficios.
7. Tengo un trabajo que es aburrido. Busco un trabajo que sea estimulante.

7-13

1. trabaja
2. está
3. quiere
4. sepa
5. acaba
6. quiera
7. hable

7-14

SE BUSCA una persona que trabaje para el departamento de exportación, que tenga buena presencia y que sea imaginativa y responsable. Hacemos negocios con compañías que están en nuestro país y en el extranjero

7-15

1. (*Possible answer*) la inteligencia y el compromiso con los hispanos.
2. Es licenciada en Periodismo y Creación Literaria.
3. Fue jefa de redacción de la revista Cosmopolitan en español.
4. Ha hecho un trabajo importante de educación sobre la enfermedad en el mundo hispano.
5. La Organización Nacional de Mujeres en los Medios de comunicación le concedió el premio anual a la excelencia y el Consejo de Asuntos de la Mujer la reconoció como modelo de conducta para los americanos.
6. *Answers can vary.*

7-16

1. noroeste
2. UNESCO
3. José Martí
4. Santiago de Cuba, Camagüey y Cienfuegos
5. el peso
6. el azúcar, el tabaco y el café
7. la Sierra Maestra
8. 1898
9. 1959
10. gratis

7-17

1. Olga
2. Olga
3. Alicia
4. Victoria
5. Alicia

7-18

1. Creció un 6% respecto al mismo período de 1998.
2. Creció solamente 2,8% respecto al mismo período de 1998.
3. Una mujer de 30 años.
4. Que ahora hay más mujeres con estudios universitarios.
5. Hubo aumento en el sector de servicios: administración pública, enseñanza y sanidad; hubo disminuciones en los sectores agrícolas e industriales.
6. El 47,7%. En Europa, el 56%.

7-19

Answers may vary.

7-20

1. I
2. I
3. L
4. L
5. I
6. I
7. L
8. I

7-21

1. a, c
2. a, b, c
3. b
4. b
5. b
6. a
7. a, c

7-22

1b; 2c; 3a; 4a; 5b; 6c; 7c; 8a

7-23

1. se buscan
2. se aceptan
3. se otorgan
4. se dan
5. se exige
6. se contrata

7-24

1. Lo bueno es el ambiente de trabajo.
2. Lo interesante es la posibilidad de ascender en la empresa.
3. Lo malo es el trabajo administrativo.
4. Lo original son los planes de jubilación.
5. Lo esencial son los antecedentes laborales.
6. Lo peor es el horario.
7. Lo más interesante es el salario.
8. Lo mejor es el trabajo en equipo.

7-25

1. ¡Que los traiga la arquitecta!
2. ¡Que lo haga el contador!
3. ¡Que los fotocopie el secretario!
4. ¡Que lo presenten los directivos!
5. ¡Que los analicen las candidatas!
6. ¡Que la preparen la gerente de ventas!
7. ¡Que lo presente la jefa de personal!
8. ¡Que lo pidan loS abogados!

7-26

1. Hay alguna carta.
2. Vino alguien.
3. Aquí siempre se trabaja.
4. Nadie llegó temprano a la reunión.
5. No hay ni una aspirante inglesa ni una francesa.
6. Alguien solicitó el puesto.

7-27

1. No, no lea ninguna solicitud.
2. No, no entreviste a nadie.
3. No, no llame ni a la aspirante ni al aspirante.
4. No, no lea ninguna hoja de vida.
5. No, no entreviste a nadie.
6. No, tampoco tiene que completar la solicitud.

7-28

1. ¿Hay alguien que esté al tanto de la nueva política empresarial?
2. Conozco a la persona que puede mejorar la situación de la empresa.
3. Necesitan un plan que sea fácil.
4. Tienes un aspirante que conoce los problemas.
5. ¿Hay algún aspirante que apoye la privatización?
6. No hay ningún candidato que conozca los nuevos mercados.

7-29

1. Buscamos un candidato que apoye los programas sociales.
2. Buscan un aspirante que resuelva problemas.
3. Buscas un candidato que cumple con los requisitos.
4. Busco unos aspirantes que apoyen la política de la empresa.
5. Buscamos un candidato que sirva para algo.
6. Buscan una candidata que habla bien.
7. Buscamos un solicitante que se preocupe por la protección del medio ambiente.
8. Buscamos aspirantes que hablen chino.

7-30

1. No, no hay ningún candidato que controle el desempleo.
2. Sí, conozco a un estudiante que se interesa por el puesto.
3. No, no conozco a ningún aspirante que domine otros idiomas.
4. Sí, hay un aspirante que tiene experiencia.
5. No, no hay ningún empleado que quiera irse de la empresa.
6. Sí, conozco un director que resuelve los problemas.

7-31

1. C
2. C
3. F -- De 30 a 35.
4. F -- Piden amplia experiencia.
5. F -- Sólo inglés.
6. C
7. C
8. F -- Sólo un CV.

ANA MARÍA: Tiene 25 años y buscan a alguien que tenga entre 27 y 37 años. Buscan a alguien que tenga experiencia de tres años y Ana María tiene solo dos años. Quieren a alguien que no tenga problemas de vista y ella usa gafas.

JUAN ANTONIO: Buscan a alguien que tenga un peso adecuado para su altura y él tiene un poco de sobrepeso. Quieren a alguien que no sea agresivo y él tiene una personalidad agresiva.

JOSÉ AGUSTÍN: Buscan a alguien que tenga entre 27 y 37 años y él tiene 38 años. Buscan a alguien que tenga un título universitario y él no tiene título.

SONIA: Tiene más años de los que piden. Buscan a alguien con un bajo nivel de agresividad y ella tiene una personalidad agresiva.

7-33

Answers will vary.

7-34

La adicción al trabajo cuenta con la mejor de las publicidades de este mundo. En primer lugar, cumplir con el trabajo es una virtud. ¿Dónde está la frontera entre el deber de realizar bien el trabajo y comenzar a usarlo como gran justificación de las frustraciones a las que sometemos a los demás? "Trabaja demasiado" es una disculpa que cuenta con todo el beneplácito social.

Capítulo 8

HABLEMOS DE ARTE

8-1

1. pincel
2. paleta
3. acuarela
4. óleo
5. pastel
6. témpera
7. retratos
8. autorretratos
9. naturalezas muertas
10. surrealismo
11. cubismo
12. arte abstracto

8-2

1. obra
2. pintor
3. mural
4. Exposición
5. refleja
6. inspiración
7. crear
8. figuras

8-3

1. me pongo
2. se hizo
3. llegó a ser
4. se volvió

8-4

1. hiciera
2. hubiera
3. eligiera
4. gustara
5. pusiera
6. vieran
7. enseñara
8. tuvieran

8-5

1. quisieras
2. Debieras
3. quisiera
4. supiera

8-6

1. termine otro retrato
2. vea el cuadro en marcha
3. tenga un rato libre
4. salgan de vacaciones
5. estén fuera de Buenos Aires

8-7

1. era
2. vio
3. estudiaba
4. terminó
5. trabaja
6. sale
7. contempla

8-8

1. d
2. b
3. e
4. f
5. c
6. a
7. g

8-9

1. Eduardo siempre compra reproducciones cuando va a los museos.
2. En 1995 Eduardo visitó el Museo Picasso mientras estudiaba en Barcelona.
3. El año que viene Eduardo va a enseñar (enseñará) en la universidad después de que terminen las clases de la escuela.
4. Eduardo va a volver (volverá) a Barcelona en cuanto pueda.
5. Cuando complió cuatro años sus abuelos le regalaron un pincel y una paleta.
6. Durante su infancia, Eduardo pintaba todas las tardes hasta que se acostaba.
7. Ahora Eduardo trabaja en sus cuadros tan pronto como regresa de la escuela.
8. En el futuro, Eduardo va a hacer (hará) una exposición cuando tenga bastantes obras para exponer.

8-10

1. Ayer fui a la galería de arte de Juan aunque era tarde y estaba lloviendo.
2. Nunca llevo paraguas aun cuando en esta ciudad llueve mucho.
3. El mes que viene voy a comprar uno de los cuadros de Juan aunque tenga que gastar todos mis ahorros.
4. Y si mis ahorros no alcanzan, tendré que trabajar horas extras aun cuando llegue a casa a las ocho.

8-11

1. pusiera
2. esté
3. descubra
4. influyan
5. empiece
6. pudiera
7. participara

8-12

1. Mi madre pintaba acuarelas antes de que naciera mi hermano.
2. Mi padre era escritor antes de dedicarse a la pintura.
3. Ayer fuimos al museo para ver la exposición sobre Rivera.
4. Mi hermano estudia para ser arquitecto.
5. Tomaré una clase de pintura antes de que llegue el verano.
6. Quiero ir al Museo del Prado antes de que cierren la exposicion especial sobre Goya.

8-13

1. Empecé a pintar sin que nadie me enseñara.
2. Vendí mis primeros cuadros muy baratos para poder pagar el alquiler del estudio.
3. Para inspirarme, paseo por el campo cuando tengo tiempo libre.
4. Nadie me conocía antes de que pintara mi mural Tierra y mar.
5. No pinto retratos a no ser que las personas sean famosas.
6. Me gustan mucho los pintores impresionistas, aunque yo pinto cuadros abstractos.
7. Abriremos una escuela de arte después de que yo termine este fresco.

8-14

1. C
2. C
3. F
4. F
5. C
6. C
7. F
8. F
9. C

8-15

1. tres ciudades colombianas
2. Pacífico / mar Caribe
3. tres ríos colombianos
4. los Andes
5. Museo del Oro
6. Gabriel García Márquez
7. Las esmeraldas

8-16

1. Miró
2. Picasso y Miró
3. Picasso, Dalí y Miró
4. Miró y Dalí
5. Picasso, Dalí y Miró
6. Dalí
7. Miró y Dalí
8. Picasso

8-17

Answers may vary.

8-18

Answers may vary.

8-19

1. e
2. b
3. f
4. c
5. a
6. d

8-20

1. No
2. Sí
3. No
4. Sí
5. No
6. Sí

8-21

1. F
2. C
3. F
4. C
5. C
6. C
7. F
8. F

8-22

1. Mis parientes querían que mis hermanas cantaran/cantasen.
2. Mi madre quería que yo leyera/leyese novelas.
3. Mis profesores querían que mis amigos trabajaran/trabajasen mucho en la escuela.
4. Yo quería que mis profesores me enseñaran/enseñasen a pintar.
5. Mi abuelo quería que yo tocara/tocase un instrumento.
6. Mis padres querían que yo fuera/fuese a los museos.

8-23

1. ¡Ojalá representaras/representases la realidad social!
2. ¡Ojalá apreciáramos/apreciásemos el arte popular!
3. ¡Ojalá fomentara/fomentase el arte público!
4. ¡Ojalá inauguraras/inaugurases una exposición de Orozco!
5. ¡Ojalá patrocinaran/patrocinasen un concurso de arte!
6. ¡Ojalá mostráramos/mostrásemos la realidad!
7. ¡Ojalá influyeras/influyeses en tus estudiantes!
8. ¡Ojalá retratara/retratase a sus amigos!

8-24

1. aprenda
2. exponga
3. venda
4. tenga
5. me conecte
6. ponga

8-25

SIGUE TRABAJANDO...
1. a pesar de que no vendas tus cuadros.
2. de modo que te vuelvas un artista de moda.
3. aun cuando no vendas tus obras.
4. aunque no llegues a ser como Siqueiros.
5. de manera que aprendas mucho.
6. aunque no expongas.

8-26

1. Vas a ser famoso cuando vendas muchos cuadros.
2. Vas a exponer en Nueva York cuando le escribas al director del MOMA.
3. Vas a tener cuadros en museos cuando te patrocine alguien famoso.
4. Vas a recibir buenas críticas cuando te descubra un periodista.
5. Vas a conectarte con artistas famosos cuando vayas a las galerías.
6. Vas a ser conocido mundialmente cuando realices una obra meastra.

8-27

1. El arte es importante para que disminuya el estrés.
2. El arte es importante para que los artistas expresen sus ideas.
3. El arte es importante para que se puedan expresar los sentimientos.
4. El arte es importante para que refleje la realidad social.
5. El arte es importante para que la gente se divierta.
6. El arte es importante para que el espíritu se desarrolle.

8-28

1. Voy a comprar los lienzos a menos que tú los compres.
2. Voy a pintar un autorretrato para que tú lo tengas en tu colección.
3. Voy a pintar toda la noche a no ser que tú hagas otros planes.
4. Voy a terminar antes de que tú llegues.
5. Voy a copiar los murales con tal de que tú los veas.
6. No voy a vender un solo cuadro sin que tú estés de acuerdo.
7. Me voy a mudar a otro taller siempre y cuando el nuevo taller sea más grande.
8. Voy a arreglar el nuevo taller para que tú vivas conmigo.

8-29

1. No firmará el contrato antes de que lo vea su abogada.
2. Pintará el cuadro siempre y cuando tenga libertad de expresarse.
3. Cambiará el tamaño del lienzo a menos que digan que no es posible.
4. El cuadro estará listo el mes próximo a no ser que no lo quieran.
5. Lo pintará lo más rápido posible con tal de que paguen pronto.
6. Seguirá trabajando para ese museo siempre y cuando cumplan con el contrato.

8-30

1. Sí.
2. Sí.
3. No.
4. No.
5. No.
6. No.
7. No.
8. Sí.

8-31

1. Es un pintor de arte abstracto y además es el director de un museo recién inaugurado.
2. El museo promueve el arte abstracto.
3. El museo funciona en una antigua iglesia y seminario.
4. El museo ofrece los servicios de cafetería, tienda y sala para exposiciones temporales.
5. El tema de la primera exposición es el arte de Manuel Felguérez a partir de los años cincuenta.
6. Sí. Yo opino que... (open answer)

8-32

Considerada hoy día como la pintora más importante de la historia del arte latinoamericano moderno, Frida Kahlo comenzó su obra creativa en los tumultuosos años posrevolucionarios cuando se gestaba el movimiento muralista. Sin embargo, en vez de seguir los objetivos de la escuela muralista de pintura, Frida Kahlo creó su propio universo artístico, un espacio catártico, rebelde, íntimo y solitario, en el cual ella exploró varios aspectos de la sociedad hispana que se consideraban --y hasta cierta medida todavía se siguen considerando-- temas tabúes para la mujer: entre otros, la sexualidad, la violencia y el erotismo.

Capítulo 9

HABLEMOS DEL SEXISMO

9-1

1. claridad
2. mencionan
3. ternura
4. justo
5. crianza
6. confianza
7. facilitar

9-2A

1. agresiva
2. claridad
3. compasión
4. confianza
5. dedicar
6. dicotomía
7. dominar
8. fertilidad
9. íntima
10. lógica
11. masculina
12. racional
13. sumisa
14. tolerante

9-2B

Rigoberta Menchú Tum recibió el Premio Nobel de la Paz en mil novecientos noventa y dos, y Gabriela Mistrál el de Literatura en el cuarenta y cinco.
RMT: Rigoberta Menchú Tum.

9-3

1. soportan
2. mantener
3. apoyando
4. sostienen

9-4

1. gustaría
2. encantaría
3. Quieres / Querrías
4. lo siento
5. Te invito
6. Perdóname, pero esta vez no puede ser
7. Quieres / Querrías
8. Me encantaría.

9-5

1. estudiará
2. leeré
3. sabrá
4. haremos
5. tendrá
6. iremos
7. podrá
8. habrá
9. pensará

9-6

1. Yo crearía programas de Estudios de la Mujer en las universidades.
2. Las mujeres podrían pedir préstamos fácilmente.
3. Nosotros facilitaríamos el acceso de las mujeres al mundo del trabajo.
4. Rosa, tú dirigirías el departamento de planificación familiar.
5. Las mujeres sabrían dónde pedir ayuda.
6. Nosotros pondríamos más jardines de infancia en todos los barrios.
7. Nuestros centros de salud ofrecerían servicios especiales.
8. Las mujeres vendrían a nuestras clínicas con confianza.
9. Y tú, Blanca, ¿qué harías?

9-7

1. c
2. d
3. a
4. e
5. f
6. b

9-8

1. ... encontrarás muchas posibilidades.
2. ... seleccionarás la mejor para ti.
3. ... haz una lista de preguntas.
4. ... no te olvides de preguntar por los beneficios.
5. ... vas a la entrevista, ...
6. ... te compras un traje serio, ...
7. ... pide un buen horario.
8. ... llegas siempre a tiempo ...
9. ... te aseguras de que tu jefe lo sabe ...

9-9

1. No organices las cosas de tu esposo si es muy des-ordenado.
2. Ponte seria con tus hijos y oblígales a limpiar si no quieren ordenar su cuarto durante la semana.
3. Ten paciencia y escucha a tus hijas si piensan que no las entiendes.
4. Contrata a alguien para hacer las tareas domésticas si trabajas en una oficina todo el día.
5. Establece turnos para cocinar si tu esposo nunca quiere ayudarte a preparar la comida.
6. Busquen una niñera de vez en cuando si tu esposo y tú nunca tienen tiempo para hacer cosas juntos.
7. Vete de vacaciones sola si te sientes muy frustrada con tu familia.

9-10

1. tienes
2. compraré
3. ves
4. daré
5. hay
6. consigo

9-11

1. Si no hubiera discriminación en esta empresa, los hombres y las mujeres recibirían el mismo sueldo.
2. Si les importaran nuestros hijos, abrirían una guardería infantil en la empresa.
3. Si hubiera una mujer en la dirección, haría algo por las empleadas.
4. Si no fueran machistas nosostras nos sentiríamos mejor trabajando aquí.

9-12

1. Si los hombres con quienes trabaja no fueran agresivos, se sentiría bien en la fábrica.
2. Si tuviera tiempo de leer el periódico, sabría lo que pasa en el mundo.
3. Si los fines de semana no estuviera tan agotada, querría salir siempre por la noche.
4. Si Roberto no perdiera su trabajo hace tres meses, ella no tendría que trabajar tanto.
5. Si el pobre no estuviera tan deprimido con las tareas domésticas, no tendría que alentarlo todo el tiempo.
6. Si él no cocinara tan mal, no comerían siempre lo mismo.

9-13

1. Si Roberto no fuera machista, no estaría deprimido.
2. Roberto te ayudaría más si te respetara.
3. Roberto encontraría trabajo si quisiera.
4. Si yo tuviera un esposo como Roberto, me divorciaría.

9-14

Answers may vary.

9-15

1. 8 de mayo de 1995
2. 72 ó 73 años
3. cáncer
4. seis
5. Camila
6. Yo, la peor de todas

9-16

1. Buenos Aires, Córdoba, Rosario
2. Plata, Paraná, Salado
3. Aconcagua
4. Patagonia
5. Juan Díaz de Solís
6. 1816
7. peso
8. tango
9. gauchos
10. Julio Cortázar, Jorge Luis Borges

9-17

1. F
2. C
3. F
4. F
5. C
6. F

9-18

1. a. en cambio; 6
   b. pero; 7
2. al contrario; 3
3. por esto; 4

9-19

1. Porque enfrentan obstáculos para encontrar empleo y son objeto de discriminación laboral.
2. Acceso a servicios de sala cuna y jardín infantil de buena calidad.
3. Crear leyes y mecanismos de fiscalización que eliminen y sanciones las desigualdades.
4. Que debe ser considerado un delito.
5. Se quieren crear programas educativos en horas compatibles con otras obligaciones de las mujeres.
6. Información adecuada para prevenir el embarazo y sobre el Sida.
7. Piensa que debe despenalizarse.
8. *Answers may vary.*

9-20

1. claro
2. compasivo
3. tierno
4. sumiso
5. abnegado
6. pujante
7. creativo
8. comprensivo

9-21

1. I
2. L
3. I
4. L
5. I
6. L
7. I
8. L

9-22

1. c
2. a
3. b
4. c
5. a, b, c
6. b

9-23

1. Nosotras ganaremos igual que los hombres.
2. Nuestras hijas tendrán mejores posibilidades.
3. Las parejas compartirán las tareas domésticas.
4. Ella tendrá una formación especial.
5. Yo querré trabajar en una empresa.
6. Tú estarás buscando un equilibrio.
7. Él verá los problemas de la sociedad.
8. Ustedes defenderán sus derechos.

9-24

1. Tú defenderías siempre tus derechos.
2. Los cónyuges estrecharían sus lazos.
3. Nosotros tendríamos los mismos derechos.
4. Yo diría la verdad.
5. ¿A qué hora vendría usted?
6. Una caricia valdría más que mil palabras.
7. Yo pondría las cosas en claro.
8. Ellas sabrían cómo nutrir.

9-25

1. No tendremos todos la misma educación.
2. Lucharemos por la paz.
3. No habrá muchas mujeres presidentas.
4. Reaccionaremos contra la injusticia.
5. No pensaremos en le futuro.
6. Tendremos mucha energía.
7. No nos gustará la discriminación.
8. Solucionaremos muchos problemas sociales.

9-26

1. Si te pagan menos, pedirás un aumento.
2. Si compartimos las tareas domésticas, trabajaremos menos.
3. Si quiero conversar con mis amigas, encontraré el momento.
4. Si se acerca a su pareja, estrecharán los lazos.
5. Si tú amas a tus hijos, ellos se desarrollarán mejor.
6. Si te ocupas del trabajo, resolveremos los problemas.

9-27

1. Vas a conseguirlo si abres tu corazón.
2. Van a amarte si los abrazas con frecuencia.
3. Van a acercarse si les ofreces tus caricias.
4. Voy a ser feliz si convivo con ellos.
5. Va a compartir tus reglas si aceptas las diferencias.
6. Voy a aceptar el desafío si concedes lo que te pido.

9-28

1. Si hay injusticia, defiende tus derechos.
2. Si tu pareja no quiere que trabajes, busca una solución.
3. Si para ti es importante nutrir el alma, haz actividades que te lo permitan.
4. Si tu cónyuge no comparte las tareas domésticas, habla con él.
5. Si tus hijos piden más caricias, dáselas.
6. Si alguien no quiere tener niños, respeta sus deseos.

9-29

1. Pagaría el mismo salario si tuvieran la misma preparación.
2. Compartiría las tareas domésticas si fuera necesario.
3. Defendería los derechos de la mujer si encontrara el tiempo.
4. Organizaría una conferencia si me dieran el presupuesto.
5. Buscaría otro trabajo si me pagaran menos que a los hombres.
6. Protestaría ante mi jefa si viera una injusticia.
7. Pagaría un salario a las amas de casa si cumplieran con los requisitos.
8. Escribiría una artículo si supiera sobre el tema.

9-30

1. Si me pagaran igual que a mis colegas, no protestaría ante los jefes.
2. Si los esposos se amaran, no se separarían.
3. Si el hombre acariciara a su hijo, no estaría triste.
4. Si me relacionara con gente importante, no tendría el trabajo actual.
5. Si nutrieras a los pequeños, no se morirían de hambre.
6. Si nos ocupáramos de mantener los lazos, la convivencia no sería difícil.

9-31

1. No desafiaría a las autoridades si hubiera justicia.
2. No abrazaríamos a los seres queridos si no aprendiéramos desde pequeños.
3. No amarías a tus familiares si no tuvieras una buena relación con ellos.
4. No me acercaría a las otras mujeres si no quisiera luchar por un ideal.
5. No concedería algunos pedidos si no los considerara justos.
6. No hablaría con las organizadoras si no les interesara la causa.

9-32

1. Nombre: Ángeles
   Ciudad y país: Mar del Plata, Argentina
   Títulos: psicopedagoga y psicóloga
   Trabajo actual: directora de "Orientar" y trabaja en un colegio y en la universidad
   Idiomas: español y alemán
   Situación familiar: casada cuatro hijos; marido un poco machista

2. Nombre: Inés
   Ciudad y país: Mar del Plata, Argentina
   Títulos: profesora de letras y psicóloga
   Idiomas: español e inglés
   Trabajo actual: profesora de literatura en un colegio secundario y directora de investigación
   Situación familiar: divorciada; tres hijos

3. Nombre: Sandra
   Ciudad y país: Cambridge, Estados Unidos
   Títulos: asistente social y maestría en estudios culturales
   Idiomas: hebreo, inglés y español
   Trabajo actual: asesora en asuntos multiculturales
   Situación familiar: casada, dos hijos; su marido comparte las tareas domésticas y la crianza de los hijos

4. Nombre: Lidia
   Ciudad y país: Barcelona, España
   Títulos: profesora de letras
   Idiomas: español, catalán, inglés y francés
   Trabajo actual: profesora de lengua y literatura; encargada del programa de prevención de drogas
   Situación familiar: Casada, dos hijos; marido autoritario pero que comparte las tareas domésticas y la crianza de los niños

9-33

Tareas domésticas: 448 / 90
Trabajo: 81 / 228
Estudio: 25 / 35
Ocio: 139 / 164
Comer: 75 / 72
Cuidado corporal: 69 / 72

1. El Instituto de la Mujer español
2. Hombres y mujeres dedican casi el mismo tiempo al cuidado corporal
3. En el estudio
4. En las tareas domésticas
5. En las tareas domésticas
6. En el trabajo no relacionado con las tareas domésticas

9-34

1. Ella
2. Ambos
3. él
4. Ella
5. Ambos
6. él
7. Ambos
8. Ella
9. Ambos
10. él

9-35

Madre: La ocasión se merece un brindis. ¡Por mi hija que ya es una mujer! y ¡por que seas feliz!

Alejandra: ¡Por tí, mamá!

Madre: ¿Eres feliz? ¿Te van bien las cosas? ¿Qué ha pasado con lo del contrato?

Alejandra: Me lo han renovado. Tengo todo un año por delante sin problemas. En teoría.

Madre: Me alegro. Pero un año se pasa en seguida. Tú todavía no te das cuenta de lo deprisa que pasa el tiempo. Si tienes algún problema, cuando sea, llámame.

Repaso 3

R3-1

1. d
2. a
3. g
4. h
5. i
6. j
7. b
8. f
9. e
10. c

R3-2

1. relacionarse
2. auténtica
3. se dio cuenta
4. pintar
5. atendiendo al público
6. fuente de inspiración
7. claridad
8. esquema

R3-3

1. no fui a ninguna clase
2. no hablé con nadie
3. no comí nada
4. no quiero ni pollo ni pescado
5. no soy serio nunca
6. no me pasa nada.

R3-4

1. exponga
2. pinta
3. esté
4. tiene
5. elijan
6. buscan

R3-5A

1. d
2. b
3. f
4. c
5. e
6. a

R3-5B

5, 4, 2, 1, 6, 3

R3-6

1. Pablo siempre se pone enfermo en cuanto llega el invierno.
2. Ayer Pablo fue a trabajar aunque no se sentía bien.
3. Hoy llamará al médico tan pronto como se despierte.
4. Quiere hablar con el médico para que le recomiende algo eficaz.
5. Pablo necesita volver a la oficina antes de que el director regrese de viaje.
6. El equipo de Pablo no hace nada sin que él esté delante.

R3-7

1. era
2. que aprendiera / aprender
3. desarrollara / desarrollar
4. graduarse
5. terminara
6. ganar
7. abrir
8. empezar
9. termine
10. dar
11. vayan
12. aceptan

R3-8

1. Yo nunca iré a ningún partido tuyo si juegas al fútbol.
2. Tendrás muchas dificultades en tus clases si estudias Ingeniería Mecánica.
3. Parecerás un chico si te cortas el pelo.
4. No encontrarás trabajo si te vistes siempre con esa ropa.
5. No te casarás si no cambias de actitud.

R3-9

1. Si los niños no estuvieran de ocho a cinco, sus padres no podrían trabajar a tiempo completo.
2. Si Mario no hiciera actividades divertidas con los niños, no lo adorarían.
3. Si la jefa de Mario no estuviera contenta con el trabajo de Mario, no pensaría en contratarlo para el año que viene.
4. Si a Mario no le gustaran los niños, no querría quedarse en la guardería más tiempo.
5. Si los niños no fueran tranquilos, los trabajadores tendrían problemas con ellos.

R3-10

1. c
2. d
3. e
4. a
5. f
6. b

Capítulo 10

HABLEMOS DE LA GLOBALIZACIÓN Y LA TECNOLOGÍA

10-1

1. pobreza
2. disminución
3. ventas
4. barato
5. préstamo
6. descuento
7. pedir
8. presupuesto
9. ganancia

10-2

1. costo de vida
2. bancarrota
3. salario mínimo
4. recesión
5. desempleo
6. alza
7. afectados
8. sucursales
9. cobraron

10-3

1. llegaste tarde
2. tarda
3. tardas
4. es tarde
5. llegar tarde

10-4

1. Puedo hablar / Podría hablar
2. no se encuentra
3. Quiere dejarle
4. volveré a llamar
5. Con
6. por favor
7. más tarde
8. dejarle un recado
9. hablar con
10. parte de
11. ponerme con el / darme con la extensión
12. momento, por favor

10-5

1. El desempleo es el problema más serio del país.
2. El número de desempleados es el más alto de los últimos años.
3. Nuestro país es el más proteccionista del continente.
4. Nuestro país tiene el sistema de comunicaciones más atrasado de la región.
5. Este presupuesto es el más bajo de las últimas décadas.
6. Nuestros trabajadores reciben los peores salarios de la región.

10-6

1. Sí, son riquísimas.
2. Sí, son amiguísimos.
3. Sí, es dificilísima.
4. Sí, es grandísima.
5. Sí, es bajísimo.

10-7

1. Un
2. --
3. una
4. un
5. un
6. una
7. --
8. un
9. --
10. --
11. unos
12. un

10-8

1. hemos resuelto
2. ha aumentado
3. se han agotado
4. ha disminuido
5. he podido
6. hemos perdido

10-9

1. han descubierto, han dicho
2. ha visto
3. han puesto
4. ha hecho
5. han escrito
6. han muerto
7. hemos resuelto
8. han roto
9. ha vuelto

10-10

1. Esta semana todavía no ha comprado un teléfono celular y unos libros por Internet.
2. Esta semana todavía no ha leído el periódico en Internet.
3. Esta semana todavía no ha visto las fotos de sus sobrinos en la computadora.
4. Esta semana todavía no ha hecho un programa de ordenador nuevo para su jefe.

10-11

1. habían ido
2. habíamos trabajado
3. habían hecho
4. había escrito
5. habían usado
6. había comprado

10-12

1. Edison había inventado la "teleimpresora" antes de casarse con Mary Stilwell.
2. Edison había inventado el telégrafo cuádruple antes de descubrir la fuerza "etérica".
3. Edison había abierto en Nueva Jersey el primer laboratorio dedicado a la investigación industrial antes de inventar el fonógrafo.
4. Edison había hecho público el invento de la lámpara incandescente antes de abrir la primera central eléctrica en Londres.
5. Edison había empezado a diseñar el "kinetógrafo" y el "kinetoscopio" antes de perfeccionar su cámara cinematográfica.

10-13

1. a
2. b
3. b
4. a
5. b
6. c

10-14

1. El periodista le preguntó que pensaba sobre las maquiladoras.
2. Juan Pérez piensa que las maquiladoras dan trabajo a mucha gente.
3. El periodista le preguntó si estaba de acuerdo con la globalización de la economía.
4. Adela Escobar dice que no está de acuerdo porque crea muchos otros problemas.

10-15

1. Chiaki Mukai, japonesa y John Glenn, estadounidense
2. En el Spacehab
3. Se ocupó de 19 ordenadores portátiles.
4. Se inyectaron proteínas y tomaron píldoras para comprobar el proceso que sufren los músculos.
5. Duque tendría que salir del transbordador para capturar el satélite e introducirlo en la bodega de carga.

10-16

1. c
2. a
3. a
4. c
5. b
6. a
7. c
8. a
9. b

10-17

1. F
2. C
3. C
4. F
5. C
6. F

10-18

Answers may vary.

10-19

Answers may vary.

10-20

1. I
2. L
3. I
4. I
5. L
6. L
7. I
8. L

10-21

1. d
2. f
3. a
4. c
5. e
6. b

10-22

1. c
2. a
3. c
4. b

10-23

1. Este es el peor.
2. Estos son los mejores.
3. Estas son las más caras.
4. Estos son los más lentos.
5. Este es el más práctico.
6. Estas son las más rápidas.
7. Esta es la más amplia.
8. Este es el más eficaz.

10-24

1. lentísimo
2. divertidísimo
3. malísimo
4. practiquísimo
5. buenísimo
6. interesantísimo
7. tristísimo
8. aburridísimo

10-25

1. Sí, obtuve unas muy bajas.
2. Sí, conseguí unos muy alarmantes.
3. Sí, firmé uno muy conveniente.
4. Sí, logré una del cincuenta por ciento.
5. Sí, obtuve unas muy beneficiosas.
6. Sí, obtuve uno muy bueno.

10-26

1. Sí / No he grabado mis propios CDs.
2. Sí / No he comprado un teléfono móvil.
3. Sí / No he utilizado una agenda electrónica.
4. Sí / No he buscado trabajo por Internet.
5. Sí / No he conocido gente por Internet.
6. Sí / No he participado en discusiones por la red.

10-27

1. Sí, ha hecho la llamada por cobro revertido.
2. No, no hemos estudiado la situación de la empresa.
3. Sí, he desarrollado un nuevo plan.
4. No, no he estado en bancarrota.
5. Sí, ha escrito los informes.
6. No, no han aumentado los salarios.
7. Sí, he invertido en nuevas tecnologías.
8. No, no he previsto pedir un préstamo.

10-28

1. Yo también / No, todavía no / he hecho mi tarea en el ordenador.
2. Yo también / No, todavía no / he hablado por mi teléfono móvil.
3. Yo también / No, todavía no / he encendido mi computadora.
4. Yo también / No, todavía no / he leído el periódico digital.
5. Yo también / No, todavía no / he abierto mi correo.
6. Yo también / No, todavía no / he escrito mis mensajes.

10-29

1. ...había hecho mis compras.
2. ...se habían conocido a través de la red.
3. ...habíamos diseñado un portal de información.
4. ...habías escrito una programa de ordenador.
5. ...había invertido en una empresa.
6. ...había conversado con mis padres.

10-30

1. C
2. F
3. C
4. F
5. C
6. F

10-31

1. b y c
2. a, b y c
3. a
4. b

10-32

1. Sí, tengo una gran capacidad de comunicación. o
   No, no tengo una gran capacidad de comunicación.
2. Sí, soy flexible. o
   No, no soy flexible.
3. Sí, soy comprensivo/a y tolerante. o
   No, no soy comprensivo/a ni tolerante.
4. Sí, deseo aprender y disfrutar nuevas experiencias.
   o No, no deseo aprender ni disfrutar nuevas experiencias.
5. Sí, soy optimista y extrovertido/a. o
   No, no soy optimista ni extrovertido/a.
6. Sí, me adapto a nuevas situaciones. o
   No, no me adapto a nuevas situaciones.
7. Sí, tengo una mentalidad abierta. o
   No, no tengo una mentalidad abierta.
8. Sí, cuento con el apoyo familiar de tipo afectivo. o
   No, no cuento con el apoyo familiar de tipo afectivo.

10-33

1. F
2. C
3. F
4. C
5. F
6. F
7. C
8. F

10-34

1. C
2. C
3. C
4. F
5. F
6. C
7. F
8. F
9. C

10-35

Las siguientes mejoras tecnológicas importantes giraron en torno a los nuevos transistores. Así, por ejemplo, en 1953 se fabricó el primer transistor de silicio y en 1960 la empresa IBM inauguró la primera fábrica automática de estos componentes. Pero la auténtica explosión aún estaba por llegar. Se produjo con la aparición de los ordenadores de tercera generación, basados en un sorprendente invento: el circuito integrado o microchip. El primero de ellos vio la luz en 1958, pero no empezaron a utilizarse habitualmente hasta 1963.

Capítulo 11

HABLEMOS DEL OCIO

11-1

1. temporada
2. noticiero
3. televidente
4. autógrafo
5. escena
6. butacas
7. intermedio
8. estreno
9. protagonista
10. gira

11-2

1. dirige
2. actúan
3. interpreta
4. ensayaron
5. se acercó
6. entregó
7. se apagaron
8. se encendieron
9. vale

11-3

1. actualmente
2. película
3. de hecho
4. actual
5. cine
6. actualidad

11-4

1. cartelera
2. de taquilla
3. impecable
4. la realidad
5. conmovedor
6. poco lenta
7. buena crítica

11-5

1. En 1985 el canal 3 era subvencionado por el gobierno.
2. Los noticieros de televisión eran dirigidos por Alberto González.
3. Las noticias de las siete eran presentadas por Marisa Echevarría.
4. En 1995 este canal fue comprado por una empresa italiana.
5. En la actualidad todos los programas son pagados por la empresa privada.
6. El noticiero de las siete ha sido cancelado por el nuevo director.
7. Estos cambios no han sido bien recibidos por los televidentes.

11-6

1. Se consumen programas que tienen mucha violencia.
2. Se compran solamente los productos que anuncian en la tele.
3. No se lee tanto como antes.
4. No se pasa tanto tiempo jugando con los niños.
5. Se usa la televisión para que los niños estén callados.
6. No se hace deporte porque no se tiene fuerza de voluntad para apagar la tele.

11-7

1. que
2. que
3. quien
4. cual
5. que
6. que

11-8

1. Me alegro de que Juan haya dado un concierto de rock.
2. Elena y yo dudamos que los organizadores del concierto le hayan pagado mucho.
3. No creo que haya ido mucha gente al concierto.
4. Marcos, ¿no te sorprende que Juan no nos haya dicho nada?
5. A mí me molesta que Juan no nos haya invitado al concierto.
6. Es posible que Juan haya estado muy ocupado con los ensayos.
7. ¡Ojalá que Juan no se haya olvidado de nosotros!

11-9

1. Iremos al teatro cuando hayamos bañado a los niños.
2. Necesitamos encontrar una niñera que haya estado ya antes con los niños en nuestra casa.
3. No conozco a nadie que haya ido al estreno de la obra de teatro.
4. Esa noche me acercaré al camarín de la actriz después de que haya terminado la obra de teatro.
5. A continuación tú y yo iremos a una discoteca aunque no hayamos dormido mucho la noche anterior.
6. Volveremos a casa antes de que haya pasado el último autobús.

11-10

1. dejes
2. hayas escuchado
3. hayas terminado
4. tengas
5. contraten
6. hayas hecho

11-11

1. creían
2. hubiera dirigido
3. dijeron
4. iban
5. hubiera terminado
6. sorprendió
7. hubiera hecho
8. había
9. hubiera actuado
10. se alegró
11. hubiera gustado
12. estaban
13. hubiera dejado

11-12

1. No creía que la crítica hubiera elogiado su actuación en su última película.
2. No era cierto que hubiera actuado ya en algunas obras de teatro de éxito.
3. Dudaba que hubiera hecho una buena actuación en su última película.
4. No conocía a nadie que hubiera visto todas sus películas.
5. Lamentaba que su madre hubiera sido la causa de su dedicación al cine y al teatro.

11-13

1. se hiciera
2. se hubiera decidido
3. hubieran grabado
4. se pusiera
5. se hubiera dedicado
6. hubieran grabado
7. grabaran
8. compusieran
9. hubiera triunfado
10. estuviera
11. hubiera visto

11-14

1. Patricia me dijo que esperaba que en el futuro le dieran un papel importante en una ópera famosa.
2. Patricia me confesó que se alegraba de que el profesor de la escuela le hubiera dado el papel de Raquel en la zarzuela El huésped del sevillano.
3. Patricia me explicó que le encantaba que hubiera tantos estudiantes interesados en la ópera y la música clásica.
4. Patricia me comentó que era posible que organizaran un concurso para jóvenes artistas.

11-15A

1. cuidara
2. estuviera
3. duerma
4. se despierte
5. necesite
6. se acabe

11-15B

1. escriba
2. haya salido
3. pasara
4. se hubiera olvidado
5. haya criticado

11-15C

1. tuviera
2. pintara
3. haya ingresado
4. haya obtenido
5. se hubiera marchado

11-16

1. un poncho rojo
2. Costa Rica, México
3. años 50
4. Frida Kahlo y Diego Rivera
5. Pedro Almodóvar
6. perder la voz
7. Latino de Honor
8. el tequila
9. autobiografía musical

11-17

1. la Sierra Madre
2. Popocatépetl
3. en el sur
4. Tenochtitlán
5. 1821
6. 1990
7. Pedro Páramo
8. Laura Esquivel

11-18

1. F
2. C
3. F
4. F
5. C
6. F
7. C
8. F
9. C

11-19

Answers may vary.

11-20

Answers may vary.

11-21

1. I
2. L
3. I
4. L
5. I
6. L
7. I
8. L

11-22

1. c
2. a
3. f
4. e
5. b
6. d

11-23

1. b
2. a
3. c
4. b
5. a
6. c

11-24

1. El guión de la película fue escrito por Lucas Radi.
2. La película fue distribuida por Raditiago Producciones S. A.
3. La música fue compuesta por Herveto Gaume.
4. La película fue producida por Diego Radi.
5. La fotografía fue dirigida por Román Corfas.

11-25

1. Se filman dos películas al año.
2. Se producen tres obras por temporada.
3. Se contratan artistas locales.
4. Se emite sólo música latina.
5. Se interpretan papeles reales.
6. Se ensaya todos los jueves.
7. Se escriben guiones originales.
8. Se buscan actores con iniciativa.

11-26

1. que
2. cual
3. quien
4. cual
5. que

1. Falso. Es Horacio.
2. Falso. Es el abuelo de Horacio.
3. Falso. Fue Graciela.
4. Falso. Es Horacio.
5. Falso. Es de Horacio.
6. Cierto.

11-27

1. Tan pronto como lo hayamos encontrado.
2. En cuanto las hayamos ensayado.
3. Cuando la hayamos pintado.
4. Después de que los hayamos visto.
5. Cuando las hayamos conseguido.
6. En cuanto las hayamos usado.

11-28

1. No, filmarán cuando yo haya descansado.
2. No, ensayaremos cuando tú hayas vuelto.
3. No, producirá la película cuando usted haya firmado.
4. No, aplaudirá cuando nosotras hayamos actuado.
5. No, escribiré el guión cuando ustedes me hayan dado una idea.

11-29

1. Ojalá yo hubiera contratado a los actores.
2. Ojalá tú le hubieras pagado a la productora.
3. Ojalá él hubiera hecho la escenografía.
4. Ojalá usted hubiera filmado los exteriores.
5. Ojalá nosotros hubiéramos ensayado muchas veces.
6. Ojalá ellas hubieran firmado el contrato.
7. Ojalá tú hubieras comprobado el presupuesto.
8. Ojalá yo hubiera ensayado la escena.

11-30

1. Fue muy triste que el director hubiera muerto antes del estreno.
2. Me encantó que la protagonista hubiera ganado el Goya.
3. Dudaba de que las películas hubieran estado reveladas.
4. Nos alegró que la productora hubiera organizado todo de maravillas.
5. No podía creer que la obra hubiera sido el éxito de la temporada.
6. Fue importante que los actores hubieran ensayado mucho.
7. Fue muy triste que hubieran tenido problemas con el protagonista antes de filmar.
8. Fue increíble que la canción se hubiera escuchado en todas las discotecas del país.

1. Era importante que aplaudieras/aplaudieses.
2. Sería increíble que fuera/fuese un éxito de taquilla.
3. Si tuviera/tuviese dinero iría al cine.
4. Será necesario que entre en el mundo del espectáculo.
5. Compondría si tuviera/tuviese ganas.
6. Actuó como si estuviera/estuviese en su casa.
7. Llamará a la radio en cuanto sepa la noticia.
8. Si fuera/fuese rico, produciría películas.

11-32

1. Fue lamentable que la canción del verano pasado hubiera sido un fracaso.
2. Habría sido interesante que los estudiantes hubieran comprendido la letra.
3. Preferiríamos que ustedes fueran al teatro esta noche.
4. Nos sorprendió que anoche el director no hubiera saludado al público.
5. Sería conveniente que ustedes compraran los boletos antes de la función.
6. Es bueno que tú hayas escrito un guión interesante.
7. Es increíble que la obra sea un éxito de taquilla.
8. Esperemos que a ustedes les guste la canción.

11-33

1. Amor vertical
2. Drama
3. Jorge Perugorría
4. Fresa y Chocolate, y Guantanamera
5. Silvia águila
6. Por Arturo Soto
7. En dos
8. No
9. martes y jueves
10. Al 6-36-04-85

11-34

Conversación 1:
1. C
2. F
3. C
4. F
5. C
6. C

Conversación 2:
1. C
2. C
3. F
4. F
5. F
6. F

Podrá haber épocas en que podamos prescindir de la televisión, pero podrán suceder otras –una enfermedad, una clase de invalidez–, en que su intromisión en nuestras vidas nos sea más que necesaria, casi vital. Como hay momentos en que nos sobra y momentos en que nos hace compañía. Yo recuerdo algunas lejanas tardes en que la irrupción de superagente 86 en la pantalla todavía gris del televisor era como la llamada telefónica de un amigo. La televisión supone, con todos su pros y todos sus contras, una clase especial de amistad y, como a las personas, hay que saberla tratar.

Capítulo 12

HABLEMOS DE LAS CELEBRACIONES Y DEL AMOR

12-1

1. derroche
2. emborracharse
3. festejo
4. cumpleaños
5. alegrar
6. desfile
7. globo
8. brindis

12-2

1. festejar
2. acontecimiento
3. hacer una gran fiesta
4. convidaron
5. asombré
6. contar chistes
7. hizo un brindis
8. fuegos artificiales
9. presupuesto

12-3

1. voy
2. venir
3. ir
4. ir
5. Vamos
6. llevar
7. traer

12-4

1. ¡Feliz día del santo!
2. ¡Feliz cumpleaños!
3. ¡En horabuena!
4. ¡Felices fiestas!
5. ¡Felicidades!
6. ¡Feliz año nuevo!

12-5

1. Antes de
2. después de
3. Al
4. De
5. para

12-6

1. A finales de este mes José habrá encontrado trabajo.
2. En julio del año que viene yo habré terminado la maestría.
3. En septiembre próximo habremos ido a la Patagonia.
4. A finales del año próximo nos habremos casado.
5. A finales del 2005 habrá nacido nuestro primer hijo.

12-7

1. Yo no habría bebido tanto.
2. Yo no habría tolerado los gritos de mi novio.
3. Tú no habrías pedido platos tan caros en el restaurante.
4. Nosotros nos habríamos quedado hasta el final del desfile.
5. Yo no habría gastado dinero en invitar a mis amigos.

12-8

1. Habría hecho fotos de las Fallas si hubiera ido a Valencia.
2. Habría bailado sevillanas durante la Feria de abril si hubiera visitado Sevilla.
3. Me habría divertido en la verbena de San Isidro si hubiera viajado a Madrid.
4. Habría caminado sobre las brasas si hubiera estado en San Pedro Manrique.
5. Habría visto el botafumeiro en la catedral si hubiera hecho el peregrinaje a Santiago de Compostela.

12-9A

1. Si no hubieran querido correr delante de los toros, no habrían ido a Pamplona.
2. Si hubieran encontrado algún hotel, no habrían dormido en un parque público la primera noche.
3. Si no se hubieran olvidado sus pañuelos en Madrid, no se habrían comprado unos pañuelos rojos al día siguiente.
4. Si Adela hubiera visto a alguna mujer en el grupo de corredores, habría corrido delante de los toros.
5. Si a Germán no lo hubiera atropellado un toro, no habría tenido que ir al hospital.
6. Si Germán no hubiera tenido algunas heridas de consideración, no habría pasado cuatro días en el hospital.
7. Si Adela hubiera sabido qué hacer en Pamplona sin Germán, no se habría vuelto a Madrid.

12-9B

Answers can vary.

12-10

1. ... todo habría salido mejor.
2. Habrían invitado a cenar a todos sus amigos ...
3. Si nosotros hubiéramos sabido cuáles eran sus problemas ...
4. ... si hubieran tenido más dinero.
5. Si hubieran pedido dinero al padre de Teresa para la boda ...

12-11

1. b
2. e
3. d
4. a
5. c

12-12

1. Antes de
2. después de
3. Al
4. De
5. para

12-13

1. c
2. f
3. d
4. g
5. a
6. e
7. b

12-14

1. Santiago
2. Concepción, Valparaíso
3. Atacama
4. Punta Arenas
5. Isla de Pascua
6. Pedro de Valdivia
7. 1818
8. Salvador Allende
9. Isabel Allende
10. Pablo Neruda
11. araucanos

12-15

1. C
2. F
3. F
4. C
5. C
6. C
7. C

12-16

Answers may vary.

12-17

Answers may vary.

12-18

1. a
2. d
3. b
4. f
5. c
6. e

12-19

1. I
2. L
3. L
4. I
5. L
6. L
7. I
8. I

12-20

Answers will vary.

12-21

1. F
2. F
3. C
4. F
5. F
6. C

12-22

1. De ser mi hermano, yo devolvería las llamadas de mis amigos.
2. De ser mi hermano, yo intentaría mantener buenas relaciones con la familia.
3. De ser mi hermano, yo querría conocer a alguien interesante.
4. De ser mi hermano, yo estudiaría antes de los exámenes.
5. De ser mi hermano, yo pasaría la Navidad con mis padres.
6. De ser mi hermano, yo estaría contento con todo.

12-23

1. Sí, habrán comprado los globos y habrán encargado el pastel.
2. Sí, habrán hecho la lista de invitados y habrán enviado las invitaciones.
3. Sí, habrán reservado la sala y habrán contratado al DJ.
4. Sí, se habrá probado el vestido y habrá usado un poco los zapatos.
5. Sí, habrán elegido la música y habrán puesto las flores en el templo.
6. Sí, habrán intercambiado los anillos y habrán escrito los votos.

12-24

1. Yo no habría comprado los fuegos artificiales.
2. Tú no habrías celebrado tu cumpleaños.
3. Ella no se habría puesto una máscara.
4. Nosotras no nos habríamos disfrazado para el carnaval.
5. Ellos no se habrían emborrachado en la fiesta.
6. Los novios no habrían saludado a todos en la iglesia.
7. El desfile no habría pasado por el centro.
8. Ellas no habrían hecho una despedida de soltera.

12-25

1. Si hubiera tenido dinero habría hecho una fiesta.
2. Si se hubieran querido se habrían casado.
3. Si hubieran tenido ganas se habrían disfrazado.
4. Si me hubieras abrazado me habría enfadado.
5. Si hubiéramos hecho chistes se habrían reído.
6. Si hubiera contratado a una orquesta me habría divertido.

12-26

1. habría ido.
2. lo habría festejado.
3. habría participado.
4. me habría emborrachado.
5. los habría contado.
6. habría rezado.

12-27

1. De haberme casado por dinero, habría hecho un contrato.
2. De no haber podido celebrar mi boda, habría cambiado la fecha.
3. De haberme enamorado de una persona famosa, la habría olvidado.
4. De haber sido elegido premio Nobel de la Paz, habría celebrado.
5. De haber conocido a la Madre Teresa, habría trabajado con ella.
6. De haber sido ministro de la paz, habría luchado por ella.

12-28

1. Si yo hubiera sabido que mi mamá iba a morir a los 50 años, habría pasado más tiempo con ella.
2. Si yo hubiera sabido que aprender español en la escuela era importante, habría prestado más atención en clase.
3. Si yo hubiera sabido que no volvería a ver a mis primos, me habría despedido de ellos.
4. Si yo hubiera sabido que el cigarrillo causaba cáncer de pulmón, yo habría dejado de fumar.
5. Si yo hubiera sabido que había problemas de diabetes en mi familia, habría mantenido una dieta saludable.
6. Si yo hubiera sabido que iba a encontrar un trabajo mejor cuando me despidieron, no me habría desesperado.

12-29

1. F
2. F
3. C
4. C
5. F
6. C

12-30

1. El Ayuntamiento de Sevilla
2. En la Plaza Mayor
3. Todos los niños menores de 15 años
4. A las ocho de la tarde
5. En los jardines del Real
6. Llamar al teléfono de atención al público del Ayuntamiento de Sevilla

12-31

Answers will vary.

12-32

"Nos pusimos caretas o antifaces. Yo llevaba un antifaz dorado, para no desentonar con la pechera áurea de Cleopatra. Cuando ingresamos en el baile (era en el club de Malvín) hubo murmullos de asombro, y hasta aplausos. Parecíamos un desfile de modelos. Como siempre nos separamos y yo me divertí de lo lindo. Bailé con un arlequín, un domador, un paje, un payaso y un marqués. De pronto, cuando estaba en plena rumba con un chimpancé, un cacique piel roja, de buena estampa, me arrancó de los peludos brazos del primate y ya no me dejó en toda la noche." Mario Benedetti.

Repaso 4

R4-1

1. titulares
2. bancarrota
3. pérdidas
4. préstamos
5. se reunirán
6. confío en
7. previsto
8. Vale la pena
9. anunciarán
10. medios de comunicación
11. soportar

R4-2

1. careta
2. impresora
3. guión
4. arreglar
5. cantante
6. contestador automático
7. aplaudir
8. ameno
9. taquillera
10. disminuir

R4-3

1. Hoy el autobús ha tardado más de lo normal.
2. En el trabajo hemos tenido una asamblea.
3. El jefe ha llamado a algunos trabajadores a su oficina.
4. A la hora del almuerzo nadie se ha quedado a comer en el comedor de la empresa.
5. Después del almuerzo yo he escrito un informe.
6. Y tú, ¿qué has hecho hoy?

R4-4

1. Cuando los vimos, ya se habían casado.
2. Cuando los visitamos, ya había nacido su primera hija.
3. Cuando empecé a estudiar con Carmen, ellos ya se habían divorciado.
4. Cuando ese director descubrió a Carmen, ella ya había hecho su primera película.
5. Cuando Carmen terminó su cuarta película, ya había recibido el premio Goya.

R4-5

1. que
2. quienes / los que
3. cuyos
4. que
5. quien
6. que
7. que
8. quienes
9. que

R4-6

1. Pediremos la comida para la fiesta cuando sepamos quién va a venir.
2. No creo que la hermana de Raquel pueda venir. / No creo que tú hayas mandado las invitaciones a toda la gente.
3. Dudo que la hermana de Raquel pueda venir. / Dudo que tú hayas mandado las invitaciones a toda la gente.
4. Limpiaremos la casa para la fiesta en cuanto los pintores terminen.
5. Espero que las invitaciones no se hayan perdido.
6. Me sorprende que nadie haya respondido todavía.

R4-7

1. eliminara
2. hubiera trabajado
3. hubiéramos instalado
4. se relacionara
5. hubiéramos tenido
6. pudiéramos

R4-8

1. Me habría gustado que te hubieras comprado un disfraz más original.
2. Espero que este año el carnaval sea divertido.
3. Dígannos de qué van a disfrazarse ustedes para que podamos reconocerlos en el desfile.
4. Los ganadores del concurso de disfraces podrán salir de viaje en cuanto termine el carnaval.
5. No creía que Julia tuviera tanto talento para hacer antifaces tan hermosos.

R4-9

1. hayan tomado
2. explique
3. hayamos elegido
4. hubieran dicho
5. hayan informado
6. invirtiera
7. hubiera trabajado

R4-10

1. Si los actores hubieran sabido sus papeles, no habrían tardado en filmar algunas escenas.
2. Si en la película hubiera habido actores famosos, alguien habría ido a verla el día del estreno.
3. Si la dirección hubiera sido buena, la película habría recibido buenas críticas.
4. Si el director hubiera tenido experiencia, algunas escenas no habrían estado mal filmadas.
5. Si hubiera escuchado a mi esposa, no habría perdido dinero inútilmente.
6. Si mi hijo no hubiera tenido tan mala experiencia con esta película, no habría dejado de escribir guiones.